T0194435

# essentials

*essentials* liefern aktuelles Wissen in konzentrierter Form. Die Essenz dessen, worauf es als „State-of-the-Art" in der gegenwärtigen Fachdiskussion oder in der Praxis ankommt. *essentials* informieren schnell, unkompliziert und verständlich

- als Einführung in ein aktuelles Thema aus Ihrem Fachgebiet
- als Einstieg in ein für Sie noch unbekanntes Themenfeld
- als Einblick, um zum Thema mitreden zu können

Die Bücher in elektronischer und gedruckter Form bringen das Fachwissen von Springerautor*innen kompakt zur Darstellung. Sie sind besonders für die Nutzung als eBook auf Tablet-PCs, eBook-Readern und Smartphones geeignet. *essentials* sind Wissensbausteine aus den Wirtschafts-, Sozial- und Geisteswissenschaften, aus Technik und Naturwissenschaften sowie aus Medizin, Psychologie und Gesundheitsberufen. Von renommierten Autor*innen aller Springer-Verlagsmarken.

Weitere Bände in der Reihe http://www.springer.com/series/13088

Alexander Goudz · Sibel Erdogan

# Digitalisierung in der Corona-Krise

Auswahl und Einsatz von innovativen Technologien für die Logistik

Alexander Goudz
Lehrstuhl Transportsysteme und -logistik
Universität Duisburg-Essen
Duisburg, Deutschland

Sibel Erdogan
Lehrstuhl Transportsysteme und -logistik
Universität Duisburg-Essen
Duisburg, Deutschland

ISSN 2197-6708          ISSN 2197-6716  (electronic)
essentials
ISBN 978-3-658-33418-5          ISBN 978-3-658-33419-2  (eBook)
https://doi.org/10.1007/978-3-658-33419-2

Die Deutsche Nationalbibliothek verzeichnet diese Publikation in der Deutschen Nationalbiblio-
grafie; detaillierte bibliografische Daten sind im Internet über http://dnb.d-nb.de abrufbar.

Planung/Lektorat: Susanne Kramer
Springer Gabler ist ein Imprint der eingetragenen Gesellschaft Springer Fachmedien Wiesbaden
GmbH und ist ein Teil von Springer Nature.
Die Anschrift der Gesellschaft ist: Abraham-Lincoln-Str. 46, 65189 Wiesbaden, Germany

# Was Sie in diesem *essential* finden können

- Eine Einführung in die Grundlagen der Digitalisierung
- Ein Einblick auf die aktuellen Herausforderungen in krisenhaften Zeiten
- Eine Übersicht über den Einsatz und Auswahl von innovativen Technologien
- Innovative Konzeptentwicklungen in der Logistikbranche
- Analyse der Grenzen und Potenziale der Digitalisierung in der Transport-, Lager-, Informationslogistik

# Vorwort

Eine Welt, ein Virus: Das Corona-Virus, das am 31. Dezember 2019 in der chinesischen Stadt Wuhan erstmalig ausgebrochen war, verbreitete sich in kürzester Zeit in der ganzen Welt. Auf den Ausbruch der Corona-Pandemie folgte im Jahr 2020 eine weltweite Rezession und löste somit einen Schock für die Weltwirtschaft aus. Existenzen standen (und stehen) auf dem Spiel, Unternehmen zittern, Menschen verlieren Jobs und Einkommen. Die Corona-Krise zwingt uns neue Wege zu gehen und erzwingt somit auch die Digitalisierung. Die digitalen und vernetzten Technologien sind hierfür Mittel zum Zweck, diesen Herausforderungen positiv entgegenzutreten.

Das Essential setzt Impulse für eine bessere Krisenbewältigung für Arbeitgeber und hat das Ziel, Anwendungsmöglichkeiten und Potenziale der innovativen Technologien in der Corona-Krise aufzuzeigen. Es ist notwendig zu analysieren, welche Stärken intelligente Technologien aufweisen und welche Anforderungen und Problemstellungen zu bewältigen sind.

Alexander Goudz
Sibel Erdogan

# Inhaltsverzeichnis

# Einleitung

1

Das Schlagwort „Digitalisierung" ist in den aktuellen wissenschaftlichen und wirtschaftlichen Beiträgen eines der meist diskutierten Themen weltweit, wenn es um die zukünftige Gestaltung von Geschäftsprozessen geht.

Vor allem erleben wir im Moment eine Aufbruchstimmung, die uns den Kater der (immer noch nicht bewältigten) Corona-Krise vergessen lässt und auch davon abhält, uns Sorgen um weitere nach wie vor ungelöste globale Probleme wie Kriege oder den Klimawandel zu machen.[1] Die UECD in Paris teilte in einem Konjunkturbericht mit, dass es sich hiermit um die schlimmste Gesundheit- und Wirtschaftskrise seit dem Zweiten Weltkrieg handelt.[2] Die Folgen der Corona-Krise sind enorm: fehlende Lieferungen, Pünktlichkeit, Transportprobleme, Warenengpässe, knappes Personal inklusive der Schwierigkeiten der Einhaltung der Corona-Schutzmaßnahmen. Dies erfordert von den Unternehmen ein zunehmend kluges Management der verschiedensten Herausforderungen auf den jeweils unterschiedlichen internen und externen Ebenen.

Die digitalen und vernetzten Technologien sind hierfür Mittel zum Zweck, diesen Herausforderungen positiv entgegenzutreten. Mittels innovativen Technologien kann man die Ansteckungsgefahren minimieren und den Corona-Virus bekämpfen. Technologien für eine weiterführende Analyse von Daten jeglicher Art und Herkunft nehmen zu und werden dabei durch Algorithmen aus der künstlichen Intelligenz (KI) unterstützt.[3] Vor 20 Jahren belächelt und nicht

---

[1] Vgl. Andelfinger und Hänisch (2017, S. V).
[2] Vgl. RND (2020).
[3] Vgl. Rump und Eilers (2020, S. 28).

A. Goudz und S. Erdogan, *Digitalisierung in der Corona-Krise*, essentials, https://doi.org/10.1007/978-3-658-33419-2_1

ernst genommen, ist die KI heute auf einem Stand, der schon fast wieder besorgniserregend ist.[4]

Viele Entwicklungen im Bereich der Digitalisierung bekommen durch die Virus-Pandemie einen weiteren Schub, welchen man als Arbeitgeber/in optimal ausnutzen sollte.

Fakt ist, dass die Wirtschaft geschwächt aus der Virus-Krise hervorgehen wird, aber dennoch können innovative Technologien das Überleben von Unternehmen sichern und die Krisensituation zeigt, wie eng die Digitalisierung und Wettbewerbsfähigkeit miteinander verknüpft sein können.

---

[4]Vgl. Andelfinger und Hänisch (2017, S. 4).

# 2

## 2.1 Industrielle Revolution ab 1784

Die Vorstellung einer vernetzten und digitalen Produktion geht weit zurück in die Geschichte der industriellen Fertigung. Die industrielle Revolution ist geprägt durch neue technologische Entwicklungen und effiziente Produktionsprozesse. Aufgrund der Vielzahl an historischen Ereignissen ist es hilfreich, sich die Entwicklung der Industrie näher anzuschauen, um Industrie 4.0 mit diesem Hintergrundwissen besser zu verstehen.

Unter „Industrielle[r] Revolution" versteht man den Übergang von der Agrargesellschaft zur Industriegesellschaft und der daraus resultierenden Umgestaltung der Arbeits- und Sozialordnung (s. Abb. 2.1).[1] Die erste industrielle Revolution begann am Ende des 18. Jahrhundert und wurde durch die Erfindung des mechanischen Webstuhls eingeleitet. Während diese Anlagen anfangs durch Wasserkraft angetrieben wurden, konnte die Erfindung der Dampfmaschine von nun an mechanisch erfolgen. Die Mechanisierung in der Produktion war Folge zahlreicher innovativer Techniken. Ein Umbruch in der Produktion resultierte daraus, denn durch den Einsatz von Maschinen konnte die Produktivität erheblich gesteigert und letztendlich Kosten gesenkt werden.

Die zweite industrielle Revolution erfolgte von 1870 bis 1968. Treiber dieser Revolution war die Einführung arbeitsteiliger Massenproduktion mit Hilfe von elektrischer Energie. Das wohl bekannteste Beispiel und in dieser Hinsicht größte Fortschritt des 19. Jahrhunderts ist die Fließbandfertigung von Henry Ford, welche die Massenfertigung bei geringen Kosten ermöglichte.[2]

---

[1] Vgl. Andelfinger und Hänisch (2017, S. 38).

[2] Vgl. ebd., S. 39.

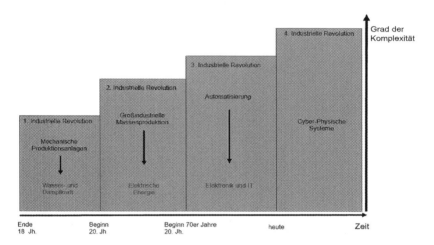

**Abb. 2.1** Die vier Phasen der industriellen Revolution. (Quelle: Eigene Darstellung i. A. a. Becker et al. (2020, S. 9)

In den 1970er Jahren begann die dritte industrielle Revolution, die auch als erste „digitale Revolution" beschrieben wird.[3] In dieser bis heute andauernden Revolution steht die Automatisierung durch Elektronik und IT im Mittelpunkt. Durch die Entwicklung der ersten speicherprogrammierbaren Steuerung und Einführung von Sensorik, Aktorik, Steuerungstechnik und Kommunikation, konnten komplexe Produktionsprozesse automatisiert und effizienter gestaltet werden. Außerdem eröffneten sich für die Unternehmen durch den Zugang zum Internet neue Wege und Möglichkeiten, die Geschäfts- und Logistikbereiche gezielt zu verbessern.[4]

## 2.2    Industrie 4.0

Im Jahre 2006 wurde der Begriff Industrie 4.0 erstmals auf dem ersten IT-Gipfel der deutschen Bundesregierung erwähnt.[5] Das Ziel der Regierung war es, die

---

[3]Vgl. Becker et al. (2020, S. 8–9).
[4]Vgl. ebd., S. 9.
[5]Vgl. Becker et al. (2020, S. 7).

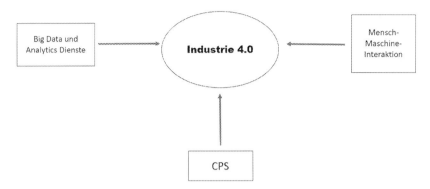

**Abb. 2.2** Kernkomponente der Industrie 4.0. (Quelle: Eigene Darstellung)

Qualität und Wettbewerbsfähigkeit des IT- Standorts Deutschland im Hinblick auf den internationalen Wettbewerb zu steigern.[6]

Die „vierte industrielle Revolution", wie Industrie 4.0 auch genannt wird, stellt nach der Mechanisierung, Automatisierung und Digitalisierung die Vernetzung der Produktion über das Internet und die damit einhergehende Verschmelzung mit der virtuellen Welt zur CPS dar (s. Abb. 2.2).[7] CPS agieren als Basistechnologie, sie tauschen Informationen aus, nehmen ihre Umwelt wahr und kommunizieren sowohl mit intelligenten Materialien als auch untereinander.[8] Hierbei entstehen enorme Datenmengen (Big Data), die dazu beitragen, dass die Maschinen immer mehr dazulernen. „Big Data" dient also als Begriff für umfangreiche Mengen an Daten, die gespeichert, gefiltert und bereitgestellt werden müssen.[9] Digitale Plattformen und digitale Geschäftsmodelle breiten sich somit durch alle Branchen aus. Selbststeuerung und Vernetzung sind zwei große Entwicklungen, die den Kern der Industrie 4.0 ausmachen.[10]

Unter *Selbststeuerung* versteht man die intelligente und selbständige Steuerung von Maschinen mithilfe von Sensoren. Durch Selbststeuerung können Maschinen nicht nur untereinander kommunizieren, sondern auch mit anderen Wertschöpfungsbereichen, wie der Logistik, Produktion oder dem Vertrieb; sogar Kunden

---

[6]Vgl. ebd.
[7]Vgl. ebd., S. 9.
[8]Vgl. Vogel-Heuser et al. (2017, S. 48).
[9]Vgl. Andelfinger und Hänisch (2017, S. 11).
[10]Vgl. Ravling (2019).

und Lieferanten werden in die vernetzte Welt eingebunden.[11] Man spricht hier auch von der *Mensch-Maschine-Interaktion*. Der Grundstein für die Verfügbarkeit von Informationen ist die Vernetzung aller am Produktionsprozess beteiligten Komponenten. Ein System von miteinander vernetzten Maschinen, Anlagen und Geräten über das Internet wird auch als „Internet of Things" (IoT) bezeichnet.[12] Demnach erlauben vernetzte Systeme den Informations- und Datenaustausch, um somit intelligenter aufeinander zu reagieren.[13]

Zu den wirtschaftlichen Zielen der Industrie 4.0 gehören die Steigerung von Zielgrößen, wie Produktivität, Effizienz, Qualität, Flexibilität und Individualität bei Einsparungen an Kosten, Ressourcen und Energie. Im Rahmen von Industrie 4.0 entstehen ebenfalls zahlreiche Digitalisierungsprojekte, um vom Kundenkontakt bis hin zur Produktion auf Automatisierung zu setzen.

## 2.3 Digitalisierung

Digitalisierung hängt sehr stark mit dem Begriff „Industrie 4.0" zusammen und findet bereits seit Jahrzehnten statt. Sie beschreibt die Schaffung neuer Prozesse und Produkte durch den Einsatz von moderner Informationstechnologie.[14] Die Informationstechnologie wird zum zentralen Erfolgsfaktor von Unternehmen, denn Daten werden mit allgegenwärtigen Informationen verknüpft und bilden dabei den wichtigsten Rohstoff.[15]

Der Begriff „Digitalisierung" wird wie folgt charakterisiert: „Der Sinn der digitalen Transformation ist die Verbesserung der Prozesseffizienz der Geschäftsaktivität. Die digitale Transformation ist die Weiterentwicklung von Insellösungen zur unternehmensweiten Vernetzung zur Unterstützung aller wertschöpfenden Unternehmensaktivitäten."[16] Digitalisierung bedeutet also Vernetzung; wenn die Produktion digitalisiert wird, müssen auch die Prozesse digitalisiert werden. Im Kontext der Industrie 4.0 sollen also mithilfe von Digitalisierung neue intelligente Produkte, Produktionsmittel und ganze Produktionsanlagen hergestellt werden. Dadurch können Maschinen miteinander kommunizieren, autonom handeln und sämtliche Entscheidungen treffen. Demnach entwickeln Forscher

---

[11]Vgl. ebd.

[12]Vgl. Moßner et al. (2019).

[13]Vgl. ebd.

[14]Vgl. Groß und Pfennig (2019, S. 38).

[15]Vgl. Foth (2016, S. 1).

[16]Becker et al. (2020, S. 15).

digitale Technologien, um Mensch und Maschine effektiver zusammen arbeiten zu lassen.[17]

Das Bundesministerium für Wirtschaft und Energie nimmt zu dem Thema Digitalisierung wie folgt Stellung: „Neue Technologien und Anwendungen können entscheidend zur Flexibilisierung der Arbeit beitragen und dabei helfen, die Vereinbarkeit von Familie und Beruf zu verbessern, drängende demografische Probleme zu mildern, die Effizienz in den Unternehmen zu steigern und die Lebensqualität weiter zu erhöhen".[18]

Die Digitalisierung ermöglicht Innovationen und je nach Technologie lassen sich dabei unterschiedliche Stoßrichtungen und Auswirkungen unterscheiden.[19] „Innovation" bildet sich somit an der Schnittstelle zwischen menschlichen Bedürfnissen, technologischer Machbarkeit sowie der geschäftlichen Durchführbarkeit.[20] Heutzutage versucht man, Technologien immer mehr an die Bedürfnisse des Menschen anzupassen, sodass Mensch und Maschine immer mehr zusammen wachsen.

## 2.4 Bausteine der innovativen Technologien

In den letzten Jahren haben Maschinen in vielen Bereichen eine ähnliche Leistungsfähigkeit erreicht wie wir Menschen, etwa wenn es darum geht, Gesichter mittels künstlicher Intelligenz zu erkennen und zu analysieren oder Texte in eine andere Sprache zu übersetzen.[21] Heutzutage sind digitale Technologien ein wichtiger Bestandteil der Produktion und es ist notwendig, die relevanten Technologien und Innovationen zu kennen und ihr Potenzial für das eigene Geschäftsmodell einzuschätzen.

---

[17]Vgl. Fraunhofer IGD (o. J.).

[18]Bundesministerium für Wirtschaft und Energie (2013).

[19]Vgl. Leichsenring (2019).

[20]Vgl. Rump und Eilers (2020, S. 48).

[21]Vgl. Musser (2019, S. 5).

## 2.4.1 Robotik

Das Themengebiet der *Robotik* befasst sich mit dem Entwurf, der Konstruktion, dem Betrieb und der Nutzung von Robotern sowie Computersystemen für deren Steuerung, sensorischen Rückkopplung und Informationsverarbeitung.[22]
    Laut der VDI-Richtlinie 2860 (Verein Deutscher Ingenieure) wurde der Begriff „Roboter" wie folgt charakterisiert: „Ein Roboter ist ein frei und wieder programmierbarer, multifunktionaler Manipulator mit mindestens drei unabhängigen Achsen, um Materialien, Teile, Werkzeuge oder spezielle Geräte auf programmierten, variablen Bahnen zu Erfüllung der verschiedensten Aufgaben zu bewegen".[23]
    Experten der Unternehmensberatung „Boston Consulting Group" sind der Meinung, dass der Einsatz von Robotern die Produktivität pro Mitarbeiter zukünftig um 30 % steigern würde.[24]
    Es gibt eine Reihe von Robotern, die in unterschiedlichen Gebieten eingesetzt werden, wie zum Beispiel der Industrieroboter, Serviceroboter, Mikroroboter, humanoide Roboter usw. Hauptsächlich unterscheidet man Roboter in zwei Hauptgruppen: *Stationäre* und *mobile Roboter.* Ein stationärer Roboter ist an einen festen Punkt gebunden und kann sich nicht selbstständig von seinem eigenen Standort fortbewegen, wohingegen der mobile Roboter Aktoren besitzt, die zur Veränderung seiner Position führen.

## 2.4.2 Künstliche Intelligenz

Die *Künstliche Intelligenz* beschreibt ein Teilgebiet der Informatik, das sich mit der Automatisierung von intelligenten menschenähnlichen Verhaltensweisen befasst.[25] Eine Maschine soll sich also so intelligent wie ein Mensch verhalten. Dabei sind in unterschiedlicher Ausprägung insgesamt vier bestimmte Hauptfähigkeiten notwendig: menschliches Denken, menschliches Handeln, rationales Denken und rationales Handeln.[26] Grundsätzlich wird zwischen einer *schwachen* und einer *starken KI* unterschieden. Die schwache KI versucht, spezielle Probleme intelligent zu lösen, wohingegen die starke KI das menschliche Denken

---

[22]Vgl. Infineon (2018).

[23]Mein-roboterarm (2015).

[24]Vgl. Infineon (2018).

[25]Vgl. Wittpahl (2019, S. 21).

[26]Vgl. ebd.

vollständig automatisieren soll.[27] Ein Teilgebiet der Künstlichen Intelligenz ist maschinelles Lernen, auch *Machine Learning* (ML) genannt.[28] ML versetzt Systeme in die Lage, selbstständig aus Daten zu lernen, ohne explizit programmiert zu sein.[29] Somit können Entscheidungen intelligenter und genauer getroffen werden. Ein spezieller Teilbereich des maschinellen Lernens ist das *Deep Learning* (DL). DL versucht, das menschliche Lernverhalten mittels großer Datenmengen nachzuahmen und orientiert sich an der Struktur und Funktion des Gehirns.[30]

## 2.4.3  Internet of Things und Sensorik

Bereits im Jahr 1991 war in Mark Weisers Artikel die Rede von Ubiquitous computing.[31] Unter dem Begriff Ubiquitous Computing wird die Allgegenwärtigkeit des Computers verstanden.[32] Es handelte sich um ein großes Gebiet von zahlreichen Computern in Form von Tablets und Sensoren, die miteinander kommunizieren können.[33] Die Sensortechnik ist eine Schlüsseltechnologie für das Messen, Kontrollieren und Regeln von unterschiedlichen Systemen in der Automation.[34]

Heutzutage werden verschiedene Objektive, Maschinen oder Alltagsgegenstände mit Prozessoren und eingebetteten Sensoren ausgerüstet, damit sie via IP-Netz ständig in Kontakt bleiben und sich untereinander vernetzen.[35] Mobile Endgeräte zum Beispiel enthalten eine Vielzahl der neuwertigen Sensoren, wie Temperatur, Beschleunigung und Position.[36] Fasst man alle Datenauswertungen verschiedener Smartphones zusammen, können auch Naturkatastrophen wie zum Beispiel Erdbeben vorhergesagt oder verhindert werden. Auch die Dynamik von Menschengruppen bei Massenveranstaltungen können durch Algorithmen analysiert werden, um somit Katastrophen zu verhindern.[37] Mit dem Internet of Things

---

[27]Vgl. ebd.

[28]Vgl. ebd., S. 22.

[29]Vgl. Wuttke (o. J.).

[30]Vgl. ebd.

[31]Vgl. Andelfinger und Hänisch (2017, S. 12).

[32]Vgl. Ebert (o. J.).

[33]Vgl. ebd.

[34]Vgl. Juschkat (2016).

[35]Vgl. Gruenderszene (2020).

[36]Vgl. Andelfinger und Hänisch (2017, S. 12).

[37]Vgl. ebd., S. 13.

lassen sich also Anwendungen automatisieren, sodass auch Produktionsabläufe sich kosten- und zeiteffizienter gestalten lassen.

## 2.4.4  Blockchain

Das Konzept der Blockchain-Technologie stammt ursprünglich aus der Entstehung der digitalen Kryptowährung „Bitcoin", die ein transparentes und digitalisiertes Zahlungsnetzwerk zwischen Privatpersonen ermöglicht. Der Begriff „Blockchain" beschreibt ein technisches Konzept, das Daten und Transaktionen mithilfe kryptografischer Methode dezentralisiert auf verschiedene Nutzer überträgt. Somit werden digitale Register nicht nur an einem elektrischen Ort abgelegt, sondern dezentral auf allen Rechnern verwahrt.

Die BCT lässt sich wie ein elektronisches Register auffassen, wo Informationen dauerhaft und vertrauenswürdig gespeichert und zugänglich gemacht werden, ohne auf eine zentrale Instanz zurückzugreifen.[38] Der dezentrale, transparente, unveränderliche und anonyme Netzwerkaufbau stellt somit für die Blockchain-Technologie eine wichtige Rolle dar.

---

[38] Vgl. Fill und Meier (2020, S. 3).

# Digitalisierung in der Corona-Krise 3

Im folgenden Kapitel wird sich mit der aktuellen Corona-Krise und deren Auswirkungen auf die Wirtschaft befasst. Des Weiteren wird ein Überblick über den derzeitigen Entwicklungs- und Technologiestand gegeben. Auf dieser Basis sollen neue Technologien erklärt sowie die entsprechenden Anwendungsbereiche benannt werden.

## 3.1 Corona-Krise

Die Corona-Pandemie löste im Jahr 2020 einen Schock für die Weltwirtschaft aus und übertrifft nicht nur die globale Finanzkrise des Jahres 2008, sondern auch die *Große Depression* nach 1929.

Am 31. Dezember 2019 traten in der chinesischen Millionenstadt Wuhan gehäuft Lungenentzündungen auf. Daraufhin wurde am 07. Januar 2020 als Ursache ein neuartiges Corona-Virus identifiziert, das vorläufig als „2019-nCoV" bezeichnet wurde.[1] Das neue Virus erhielt später den Namen „COVID-19-Virus" und wurde, aufgrund der rapiden Zunahme der Fallzahlen, am 11. März 2020 offiziell zu einer Pandemie erklärt.[2]

Die Pandemie wirkt sich nicht nur auf die Gesundheit aus, sondern auch auf die Wirtschaft, das Soziale und die Psyche, auch über die Dauer der Krise hinaus. Der Kampf gegen die Pandemie stellt die Welt vor enorme Aufgaben: Ausgangsbeschränkungen, Grenzkontrollen, Kurzarbeit, soziale Distanz, Einhaltung

---

[1]Vgl. Weltgesundheitsorganisation (o. J.).
[2]Vgl. ebd.

© Der/die Autor(en), exklusiv lizenziert durch Springer Fachmedien Wiesbaden GmbH, ein Teil von Springer Nature 2021
A. Goudz und S. Erdogan, *Digitalisierung in der Corona-Krise*, essentials,
https://doi.org/10.1007/978-3-658-33419-2_3

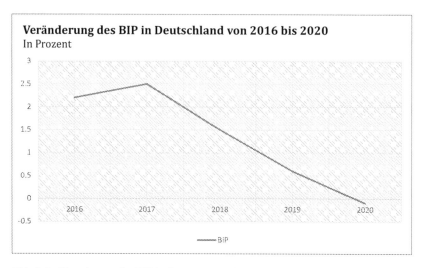

**Veränderung des BIP in Deutschland von 2016 bis 2020**
In Prozent

**Abb. 3.1** Veränderung des BIP in Deutschland. (Quelle: Eigene Darstellung i. A. a. DIW Berlin (2020) [12])

der Corona-Schutzmaßnahmen usw. Demnach handelt es sich um eine globale Krise, die praktisch jedes Land und jede Gesellschaft betrifft.

Letztendlich steht fest, dass die Corona-Pandemie deutliche Spuren in der deutschen Wirtschaft hinterlassen wird. Laut Bundesregierung wird für das Jahr 2020 mit einem BIP-Rückgang von 6,3 % gerechnet und somit für das Gesamtjahr mit der schwersten Rezession der Nachkriegsgeschichte (s. Abb. 3.1).[3]

## 3.2    Wirtschaftliche Auswirkungen

Dementsprechend erlebt Europa einen enormen wirtschaftlichen Einbruch, wie wir ihn zu unseren Lebzeiten noch nicht erlebt haben.

Dabei stehen zwei Faktoren im Fokus:

1. Durch die steigende Anzahl an Infizierten und Toten wird das Angebot an Arbeitskräften verringert.[4]

---

[3] Vgl. Tagesschau (2020).
[4] Vgl. Dany-Knedlik (2020).

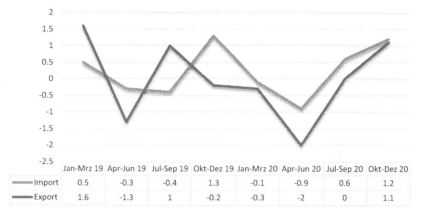

# Außenhandel
-Veränderung in Prozent-

|  | Jan-Mrz 19 | Apr-Jun 19 | Jul-Sep 19 | Okt-Dez 19 | Jan-Mrz 20 | Apr-Jun 20 | Jul-Sep 20 | Okt-Dez 20 |
|---|---|---|---|---|---|---|---|---|
| Import | 0.5 | -0.3 | -0.4 | 1.3 | -0.1 | -0.9 | 0.6 | 1.2 |
| Export | 1.6 | -1.3 | 1 | -0.2 | -0.3 | -2 | 0 | 1.1 |

**Abb. 3.2** Aktuelle Daten zum deutschen Außenhandel. (Quelle: Eigene Darstellung i. A. a. DIW Berlin (2020))

2. Die ökonomischen Auswirkungen der von vielen Staaten beschlossenen Maßnahmen zur Eindämmung der Pandemie.[5]

Die Reise- und Handelsbeschränkungen haben Deutschlands Außenhandel schwer getroffen. Nach Angaben stürzte der Wert des deutschen Exportes gegenüber dem Vorjahresmonat um 0,7 % (s. Abb. 3.2). Auch die Importe gingen um 0,6 % zurück. Nichtsdestotrotz wurde das Corona-Virus in der Volksrepublik China entdeckt und China zählt zu den wichtigsten Handelspartnern und somit Märkten für Waren „Made in Germany".

Folglich werden internationale Lieferketten gestört, Produktionsabläufe werden geändert, die globale Nachfrage nach Gütern und Dienstleistungen sinkt und Investitionen werden gestrichen.

Des Weiteren wurde laut Bundesagentur für Arbeit bis zum 26. April für 10 Mio. Menschen Kurzarbeit angemeldet.[6] Die Zahl ist beispiellos und markiert einen neuen Rekord, denn praktisch jeder dritte Betrieb schickte seine Mitarbeiter in Kurzarbeit. Aber nicht nur die Kurzarbeit hat zugenommen, sondern

---

[5]Vgl. ebd.
[6]Vgl. Süddeutsche Zeitung (2020).

auch die Arbeitslosigkeit. Im Juni stieg die Arbeitslosenquote auf 6,2 %, also um 1,3 % höher als im Vorjahr.[7] Zugleich droht jedem zehnten mittelständischen Unternehmen die Insolvenz.[8]

Schlussendlich läuft die Entwicklung wie eine Kettenreaktion ab:

- Alle Geschäfte (die nichts Lebensnotwendiges verkaufen) bleiben geschlossen.
- Unternehmen müssen die Produktion pausieren oder den Produktionsablauf ändern.
- Geschäfte fordern keine neue Ware mehr an.
- Produzierenden Unternehmen fallen die Aufträge weg.
- Es werden keine Mitarbeiter mehr benötigt (Kurzarbeit).
- Keine Einnahmen, aber Fixkosten fallen weiterhin an.
- Kredite werden beantragt und Schulden häuf en sich an.
- Insolvenz wird beantragt.

Die Krise führt immer mehr Unternehmen an den Rand der Existenz. Demnach ist es entscheidend, wie schnell die Welt die Wirtschaftskrise überwindet und dies ist abhängig davon, ob es den Nationen gelingt, einen weiteren Anstieg der Infektionszahlen zu verhindern und somit wirtschaftliche Folgen zu begrenzen.

## 3.3    Auswahl und Einsatz von innovativen Technologien

Seit dem Ausbruch der Pandemie hat sich die Lage weltweit drastisch geändert. Lieferketten ordnen sich neu, komplette Produktionsabläufe werden auf den Kopf gestellt und Digitalisierung wird anders wahrgenommen. Die Krise hat gezeigt, wie wichtig digitale Lösungen sind, um Prozesse im Unternehmen zu vernetzen und Kommunikation mit Kunden und Partnern aufrechtzuhalten. Ebenso setzt die Europäische Kommission auf digitale Technologien, um die Ausbreitung des Virus' zu überwachen, um Impfstoffe zu entwickeln und um das ohnehin überstrapazierte Gesundheitssystem zu entlasten.[9] Unter diesen Umständen sind Bürger/innen und Unternehmen heutzutage mehr denn je auf das Internet angewiesen. Mittels neuer Technologie und innovativer Lösungen kann die Krise effektiv bekämpft werden.

---

[7]Vgl. Suhr (2020).
[8]Vgl. Zeit Online (2020).
[9]Vgl. Europäische Kommission (2020).

**Tab. 3.1** Roboter – Arten und Einsatzgebiete. (Quelle: Eigene Darstellung)

| Roboterart | Funktion |
|---|---|
| Telepräsenzroboter | Via Bildschirm, den Kontakt zu den Betreuern und Familie aufrechthalten |
| Pflegeroboter | Unterstützung von Pflegebedürftigen bei der Körperhygiene oder Nahrungsaufnahme |
| Transportroboter | Hol- und Bringdienstleistungen, Transport von Medikamenten und Gegenständen |
| Drive-In Roboter | Kontaktloser Robotertest |

## 3.3.1 Funktionsweise eines Serviceroboters

Serviceroboter sind für Dienstleistungen aller Art zuständig und können viele Aufgaben und Assistenzhandlungen anstelle eines oder in Ergänzung zum Menschen ausführen (s. Tab. 3.1). Vor allem durch die pandemiebedingten Engpässe in Krankenhäusern werden dort gezielt Serviceroboter eingesetzt, die etwa als Unterstützung bei Operationen oder für die Rehabilitation fungieren.

Dementsprechend können Versorgungsabläufe modernisiert und Pflegekräfte entlastet werden.

## 3.3.2 Funktionsweise eines Desinfektionsroboters

Die Nachfrage für den autonomen Desinfektionsroboter „UVD" des dänischen Herstellers *Blue Ocean Robotics* ist mit Ausbruch der COVID-19 Infektionen enorm gestiegen.[10] Der selbstfahrende Roboter bestrahlt kritische Oberflächen mit ultraviolettem Licht (UV-C) und tötet somit wirksam zu 99,99 % alle Viren und Bakterien.[11] Außerdem ist UV-C nicht nur umweltfreundlich, sondern auch ungiftig.

Demnach müssen Räume, Oberflächen oder Gegenstände nicht mehrmals desinfiziert werden und die Desinfektionszeit eines Raumes wird reduziert. Viele Krankenhäuser setzen diese Roboter bereits ein; derzeit wird er in mehr als 40 Ländern genutzt, allein mehr als 2000 sind in der chinesischen Provinz Wuhan im Einsatz.[12] Die UVD-Roboter nehmen vor allem dem Reinigungspersonal einen

---

[10]Vgl. Glöser (2020, S. 4).

[11]Vgl. ebd.

[12]Vgl. ebd.

Großteil der Arbeit ab und erreichen sogar kleine Spalten, die von menschlicher
Hand nicht gereinigt werden können.

### 3.3.3  Funktionsweise einer CT-basierten Bilddiagnostik

Das chinesische Tech-Unternehmen *Alibaba* hat eine künstliche Intelligenz entwickelt, die anhand von computertomographischen (CT) Aufnahmen erkennen
kann, ob ein Patient oder eine Patientin an Covid-19 erkrankt ist.[13] Hierbei werden Algorithmen mittels CT-Aufnahmen der Lunge von Covid-19 erkrankten und
gesunden Menschen trainiert. Je mehr Bilder er scannt, desto besser kann er
erkennen, was eine infizierte Lunge ausmacht.

Nach Angaben von *Alibaba* benötigt das System 20 s, um zu erkennen, ob es
sich um eine Covid-19 Infektion oder um einen grippalen Infekt handelt.[14] So
können KI-Systeme die Priorisierung medizinischer Hilfeleistung besonders bei
überfüllten Krankenhäusern effektiv unterstützen.

### 3.3.4  Funktionsweise einer Tracking App

Das Tracking von Mobiltelefonen ist das hilfreichste und meistbenutzte Werkzeug
zur Bekämpfung von COVID-19 und diesbezüglich von erheblicher Relevanz. Die
*Corona-Warn-App* (CWA) steht in Deutschland schon seit dem 16.06.2020 zur
Verfügung und wurde im Auftrag von der Bundesregierung, von der *Deutschen
Telekom AG* und der *SAP SE* entwickelt.[15] Die CWA funktioniert hauptsächlich mittels Bluetooth und registriert CWA-Nutzer, die sich für eine bestimmte
Zeitspanne in der Nähe aufhalten.[16] Dabei werden Daten des positiv getesteten
Nutzers auf den Server geladen, sodass alle Nutzer benachrichtigt werden, falls
eine Gefahr-Begegnung der letzten 14 Tage positiv getestet wurde. Somit können CWA-Nutzer schnell erkennen, ob sie mit einer infizierten Person in Kontakt
getreten sind.

Die App wandelt unser Smartphone zu einem Warnsystem um, sodass es uns
hilft, Infektionsketten schneller und effektiver aufzuhalten. Gleichermaßen steht

---

[13]Vgl. Kühl (2020).
[14]Vgl. ebd.
[15]Vgl. Nägele et al. (2020, S. 1559).
[16]Vgl. ebd.

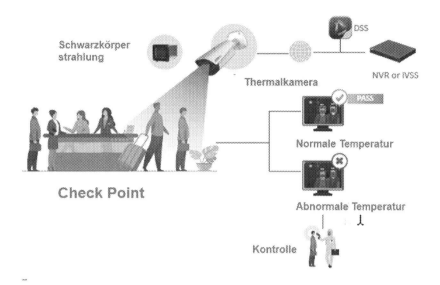

**Abb. 3.3** Funktionsweise einer Thermalkamera. (Quelle: Eigene Darstellung i. A. a. GIT Sicherheit (2020))

auch die datenschutzfreundliche Idee im Vordergrund, denn Rückschlüsse auf Personen und Standorte sind nicht möglich.[17]

### 3.3.5 Funktionsweise einer Thermalkamera

Die Thermalkameras werden schon von Beginn an beim Kampf gegen die Epidemie eingesetzt und helfen bei der Überwachung und Kontrolle in Flughäfen, Bahnhöfen, Krankenhäusern, Schulen usw. Sie werden bei Menschenmengen eingesetzt, um Personen mit erhöhter Körpertemperatur und somit auch Krankheitssymptomen schneller zu erkennen. Es ist eine Art Algorithmus, der die Körpertemperatur vieler Menschen miteinander vergleicht und sie mit Wind, Umgebungs- und Außentemperaturen in Beziehung setzt (s. Abb. 3.3).[18] Hierbei

---

[17]Vgl. ebd.
[18]Vgl. Deter (2020).

wird über den Tag ein Durchschnitt gebildet, von diesem abweichende Personen gemeldet werden.[19]

Wenn eine Person auffällige Werte aufweist, werden die Aufnahmen dieser Person automatisch zur Beweissicherung lokal oder in der Cloud (s. Abb. 3.3, Element oben rechts) gespeichert. Je nach Objektiv messen diese Thermalkameras dann in einem Bereich von 3 bis 7 m oder zwischen 4,5 und 9 m die Körpertemperatur aller Menschen.[20] Im Vergleich zu einem handlichen Temperaturmessgerät erhöhen diese Art von Messungen die Geschwindigkeit und Genauigkeit bei der Überwachung.

### 3.3.6  Funktionsweise eines Biosensors

Um die Viruskonzentration an stark frequentierten Orten zu bestimmen, hat eine Gruppe von Forschern der *Empa, ETH Zürich* und des *Universitätsspitals Zürich* zusammengearbeitet und einen sogenannten „Biosensor" entwickelt.[21]

Der Sensor basiert auf winzigen Goldstrukturen, auch Gold-Nanoinseln genannt.[22] Auf diesen Nano-Inseln werden künstlich hergestellte DNA-Sequenzen angebracht, die zu bestimmten RNA-Sequenzen des Covid-19-Virus passen.[23] Fängt der DNA-Rezeptor die RNA-Stränge ein, kann das Virus nachgewiesen werden. Demnach kombiniert der Sensor optische und thermische Effekte, um das Virus aufzuspüren.

Der optische Effekt ist die lokale Oberflächenplasmonenresonanz und sorgt dafür, dass der Sensor überhaupt Moleküle nachweisen kann,[24] wohingegen der plasmonische photothermale Effekt (PPT) für die Temperatur zuständig ist und dafür sorgt, dass eine Nanostruktur durch bestimmtes Licht wärmer wird.[25]

Um die Zuverlässigkeit des Sensors nachzuweisen, testeten die Forscher die Biosensoren mit einem sehr nah verwandten Virus, das 2003 die SARS-Pandemie auslöste: das *SARS-CoV.*[26] Das Experiment verlief positiv, denn der Sensor

---

[19]Vgl. ebd.

[20]Vgl. Magazin-Sicherheitstechnik (o. J.).

[21]Vgl. Von Rekowski (2020).

[22]Vgl. ebd.

[23]Vgl. ebd.

[24]Vgl. Weinmann (2020).

[25]Vgl. ebd.

[26]Vgl. Medica (2020).

konnte zwischen den sehr ähnlichen RNA-Sequenzen der beiden Viren exakt unterscheiden.

Ziel dieser Technologie ist es, die Viren so schnell wie möglich aufzuspüren und die Pandemie möglichst bald unter Kontrolle zu bringen. Demnach sollen Biosensoren als alternative Methode für die klinische Diagnose genutzt werden.[27]

### 3.3.7 Funktionsweise einer Visitor-App

Um Kundenströme in der Corona-Krise zu vermeiden und somit die Ansteckungsgefahr so gering wie möglich zu halten, wurde die cloudbasierte Technologie „Visitor-App" entwickelt. Die App ermöglicht Kunden, Unternehmen oder Endnutzern Echtzeit-Informationen über die aktuelle Auslastung, Lage und Verfügbarkeit an einem Ort.[28] Die Funktionsweise ist sehr simpel, denn die App überprüft die aktuelle Lage und wenn die Kapazitäten vorhanden sind, erscheint auf dem Mobiltelefon eine Art „digitales Eintrittsticket", sodass der gescannte Ort betreten werden kann.[29]

Verlässt man den Ort, wird das Ticket erneut gescannt und steht für den nächsten Kunden frei zur Verfügung.[30]

Dementsprechend sorgt die App gleichzeitig für eine kontinuierliche Auslastung der Geschäfte.[31] Faktoren wie Sicherheit und Datenschutz haben ebenfalls eine hohe Priorität, was bedeutet, dass der Prozess sicher und anonym abläuft.

Die leistungsstarke blockchainbasierte Technologie stellt eine vollkommen neue Strategie dar, wie Unternehmen in der heutigen Zeit mit ihren Kunden interagieren und Produkte vermarkten können.

---

[27]Vgl. ebd.
[28]Vgl. Hansen (2020).
[29]Vgl. ebd.
[30]Vgl. ebd.
[31]Vgl. ebd.

# Innovative Technologien als Treiber der Logistikbranche

4

Die Logistik ist eine systemrelevante Querschnittsfunktion und bildet das Rückgrat der Wirtschaft.[1] Die Herausforderungen der Logistikbranche erweisen sich als vielfältig und enorm, denn ohne eine funktionierende Logistik wird es keine Versorgung der Privathaushalte, keine rapide Verteilung von Medikamenten oder anderen wichtigen medizinischen Gütern und schlussendlich keine leistungsfähige Wirtschaft geben. Somit steht auch die Logistikbranche durch die Corona-Krise vor einer Reihe großen Herausforderungen und die Auswirkungen der Pandemie sind schon jetzt deutlich abbildbar (s. Abb. 4.1).

Derzeit kommt es in der Logistikbranche zu erheblichen Wartezeiten und Verzögerungen, die vor allem auf die strengen Grenzkontrollen zurückzuführen sind. Lieferketten an logistischen Knotenpunkten werden unterbrochen. Weiterhin werden hunderte von Projekten verschoben oder abgesagt und es entstehen Lager- und Lieferprobleme.

Um die bestehenden Probleme zu meistern, kommen Investitionen für viele Unternehmen nicht in Frage, wobei jedes zehnte Unternehmen Investition in digitale Technologie aufgrund Corona dennoch getätigt hat.[2]

Laut der Online-Zeitschrift *automotiveIT* kommen 50 % der Einsparungen der Supply Chain- Kosten durch Smart Logistics und somit durch ihr digitalisiertes Management zustande.[3] Dementsprechend haben digitale Unternehmen innerhalb der Logistikbranche aktuell einen großen Vorteil gegenüber nicht digitalisierten Unternehmen. Aus diesem Grund haben Industrie 4.0 (vgl. Abschn. 2.2) und Digitalisierung (vgl. Abschn. 2.3) immer mehr an Bedeutung gewonnen.

---

[1] Vgl. Meitinger (2020).

[2] Vgl. ebd.

[3] Vgl. catkin (o. J.).

© Der/die Autor(en), exklusiv lizenziert durch Springer Fachmedien Wiesbaden GmbH, ein Teil von Springer Nature 2021
A. Goudz und S. Erdogan, *Digitalisierung in der Corona-Krise*, essentials, https://doi.org/10.1007/978-3-658-33419-2_4

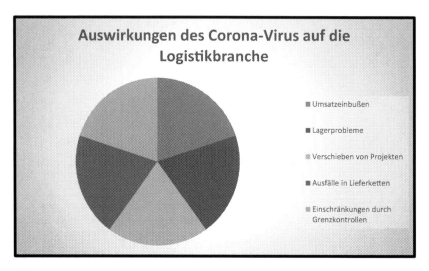

**Abb. 4.1** Auswirkungen des Corona-Virus auf die Logistikbranche. (Quelle: Eigene Darstellung)

Automatisierung, Fernzugriff oder selbstorganisierende Fertigung sind wichtige Bestandteile der Logistik und bringen Transparenz über die gesamte Lieferkette.[4] Somit können Unternehmen nicht nur widerstandsfähiger werden, sondern auch die Zukunftssicherheit ihrer Unternehmen erhöhen.[5]

Es stellt sich nun die Frage, inwieweit Technologien in der Corona-Krise einen Beitrag leisten können und vor allem, in welchen Logistikbereichen sie sich anwenden ließen. Auf diese Frage wird in dem folgenden Kapitel anhand möglicher Anwendungsgebiete systematisch eingegangen.

---

[4]Vgl. Lehmann (2020).
[5]Vgl. ebd.

## 4.1 Anwendungsgebiet Transportlogistik

Die Transportlogistik ist ein grundlegendes Teilsystem der Logistik und gewinnt immer mehr an Bedeutung. Hierbei geht es um die vollständige Betrachtungsweise aller Vorgänge, die für einen Transport notwendig sind.[6] Sie hat hauptsächlich die Aufgabe, Güter zu geringst möglichen Kosten im Produktionsablauf zu verteilen und bereitzustellen.[7]

Die Auswirkungen der Corona-Krise auf die Transportlogistik sind ebenfalls enorm, insbesondere im Bereich der Warenbeschaffung. Laut den von der *EHI Retail Institute* durchgeführten Umfrage haben 87,5 % der Teilnehmer mit zeitlichen Verzögerungen und 56,3 % mit reduzierten Anliefermengen zu kämpfen.[8]

### 4.1.1 Transportprobleme und Verkehrskapazität

Ein weiteres zentrales Problem ist, dass durch das Corona-Virus die Transportwege behindert werden. Das hat zur Folge, dass Grenzen geschlossen werden und es wegen der Kontrollen derzeit zu kilometerlangen Staus kommt. Lange Wartezeiten führen zu einem Verlust der Produktivität. Wenn ein Lieferant ausfällt, müssen Hersteller die Lücke schließen können und wenn beispielsweise die asiatischen Länder wie China ihre Grenzen schließen, drohen Deutschland in wenigen Tagen kritische Engpässe. Somit droht die Lieferkette zwischen Europa und Asien an mehreren Stellen zu reißen.[9] Ab Mitte März bis Anfang April wurde in Deutschland zugleich das Sonn- und Feiertagsfahrverbot für LKW jeweils in allen 16 Bundesländern ausgesetzt,[10] wobei dadurch auf kurze Zeit keine großen Verbesserungen resultierten. Einige Befragte hatten angesichts der allmählichen Lockerungen ein leichtes Plus bei ihrer Auftragslage verzeichnet, doch die Volumina blieben trotzdem unter Vorkrisenniveau.[11] Laut Bundesamt deutete der LKW-Maut-Fahrleistungsindex auf eine langsame und leichte Erholung hin.[12]

---

[6]Vgl. Logistikknowhow (2013).

[7]Vgl. ebd.

[8]Vgl. Kempcke (2020).

[9]Vgl. ebd.

[10]Vgl. Bergrath (2020).

[11]Vgl. Weinrich (2020).

[12]Vgl. ebd.

Im Hinblick auf Unübersichtlichkeit und Komplexität der Warenbeschaffung könnten innovative Technologien durch Transparenz und Automatisierung einen Mehrwert schaffen und darüber hinaus einen Beitrag dazu leisten, die Ansteckungsgefahr so gering wie möglich zu halten und die Attraktivität von Digitalisierung zu steigern.

Ziel ist es, auf die Änderung der Transportrouten schneller zu reagieren und somit zeitlich verzögerte Anlieferungen zu vermeiden.

Des Weiteren soll auch in der aktuellen Corona-Krise laut der Hygiene- und Verhaltensmaßnahmen der Arbeitsablauf so organisiert werden, dass man möglichst wenig direkten Kontakt zu seinen Mitmenschen hat.

## 4.1.2  Konzept für eine innovative Transportlogistik

In diesem Kapitel soll auf Grundlage der bisherigen Erkenntnisse über die innovativen Technologien ein digitales Konzept für die Transportlogistik erarbeitet werden. Im Mittelpunkt stehen dabei vor allem der Ablauf und die Ausgestaltung einer intelligenten Transportlogistik mit Berücksichtigung der Corona-Krise. Anschließend werden die Potenziale und Grenzen der neuen Geschäftsmodelle analysiert.

**Annahmen**

Bevor ein Konzept für die Transportlogistik entwickelt werden kann, sollen im vornherein einige Annahmen aufgestellt werden.

Zuerst wird angenommen, dass Unternehmen A, welches Elektroroller produziert, aufgrund der Corona-Krise mit enormen Herausforderungen (vgl. Abschn. 3.2) zu kämpfen hat. Dieses Unternehmen entscheidet sich demnach, ein neues Geschäftsmodell zu entwickeln und sein Unternehmen zu digitalisieren. Weiterhin wird angenommen, dass der Geschäftsführer des Unternehmens die Maßnahmen zum Arbeitsschutz im Betrieb erhöhen und somit die Ansteckungsgefahr so gering wie möglich halten möchte, sodass Mitarbeiter wieder sicher zur Arbeit kommen können.

Rohstoffe, so die Annahme, werden von externen Lieferanten beschafft und aus China geliefert. Der Transport erfolgt über ein Containerschiff und anschließend per LKW. Aufgrund der Corona-Krise kommt es zu massiven Verkehrsproblemen und strengen Grenzkontrollen.

**Konzeptbeschreibung**

Der digitale Prozess erfolgt in zwei Schritten, die im Folgenden beschrieben und in Abb. 4.2 und 4.3 visualisiert werden sollen.

Zunächst ist es wichtig, Transparenz über die gesamte Transportkette zu haben. Im ersten Schritt entscheidet sich das Unternehmen A durch den Einsatz von Big

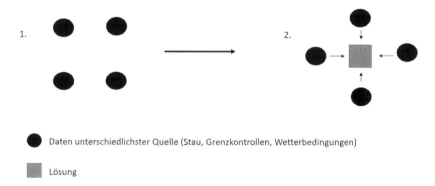

● Daten unterschiedlichster Quelle (Stau, Grenzkontrollen, Wetterbedingungen)

▨ Lösung

**Abb. 4.2** Funktionsweise einer Big Data im Transportwesen. (Quelle: Eigene Darstellung)

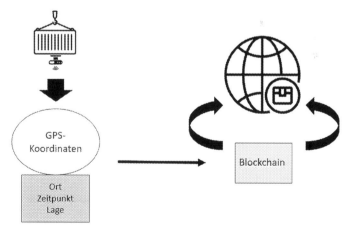

**Abb. 4.3** Gesamtkonzept für die Integration von intelligenten Containern. (Quelle: Eigene Darstellung)

Data, die Routen und Frachtbewegungen zu optimieren. Die Funktionsweise einer Big Data Software kann in Abb. 4.2 demonstriert werden:

1. Die Software bemerkt einige öffentliche Daten, die den Verkehr bzw. Transportweg stören können, z. B. Daten wie Staus, Straßenbedingungen, Wetterbedingungen und Grenzkontrollen.
2. Die Big Data nutzt die Datenmengen, um automatisch Muster und Zusammenhänge zu erkennen. Basierend auf der Echtzeit-Auswertung wird die optimale Route errechnet.

Indem Daten unterschiedlichster Quellen analysiert und ausgewertet werden, kann die Route angepasst an das gewählte Fahrzeug sowie die transportierte Ware gewählt werden. Somit kann der Fahrer durch die Echtzeitanalyse schneller auf plötzliche Änderungen in der vorherigen Route reagieren und eine Route aussuchen. Anwender der Software können somit sofort erkennen, was aktuell an den Grenzen Europas los ist.[13]

Nebenbei können Echtzeitdaten darüber informieren, wie schnell sich das Fahrzeug fortbewegt und wie lange es unterwegs ist. Falls Fehler vorhanden sind und vorhergesagt werden können, können im vornherein, vor Ausfall des Motors, Wartungen einkalkuliert werden.[14]

Im zweiten Schritt soll zunächst die Fähigkeit des IoT betrachtet werden. Dabei können Container oder Behälter „intelligent" ausgestattet werden und verschiedene Fähigkeiten umfassen. Dies geschieht durch eine Kombination von Sensorik und RFID-Technologie. Container werden mit Sensoren (vgl. Abschn. 2.4.3) ausgestattet, die Auskunft über die Umgebung, den Zustand und Inhalt des Behälters an sich geben. Somit ist auch die Echtzeit-Lokalisierung der Fracht mittels GPS möglich und durch das Anbringen von Mikrocontrollern können eigenständig, also ohne äußeren Einfluss, Aktionen ausgeführt werden. Demnach können Entscheidungen dezentral im jeweiligen Prozessschritt getroffen werden und es entsteht ein Internet der Dinge aus intelligenten Behältern.

Um die Position des Behälters jederzeit ermitteln zu können, stellt das Anbringen von GPS- Sensoren am Container eine perfekte Gelegenheit dar. Mithilfe der Blockchain-Technologie können GPS-Koordinaten in Form von Transaktionen fortlaufend abgespeichert werden. Das Konzept, wie eine mögliche Transaktion mit den Daten der GPS-Koordinaten aufgebaut sein kann, wird in Abb. 4.3 visualisiert.

---

[13]Vgl. Industry Analytics (o. J.).
[14]Vgl. ebd.

Zuerst werden die Daten, die vom Behälter übertragen werden, in den internen Speicher des in den Behälter integrierten Speicher RFID-Transponders geschrieben. Eine Erfassung der GPS-Koordinaten können zum Beispiel der Zeitpunkt der Erfassung oder die Ortsermittlung sein. Alle erfassten Daten bzw. Transaktionen werden in der Blockchain gespeichert. Anschließend kann für alle Beteiligten ein offener Zugang in Betracht gezogen werden.

**Ausgestaltung und Analyse**
Im Folgenden soll die technologische Ausgestaltung des Konzeptes diskutiert werden. Dabei stehen folgende Merkmale im Fokus:

1. **Art der Technologie**
2. **Einsatzbereich (Corona-Krise)**

Was die 1) *Art der Technologie* betrifft, so nutzt das erste aufgezeigte Konzept die Big Data Technologie und das zweite Konzept die Blockchain Technologie. Des Weiteren werden Satelliten und Sensoren in Fahrzeugen oder Frachtzeugen genutzt, um diese in Echtzeit zu verfolgen.

Bei dem ersten Konzept werden anhand von Big Data Tools und Machine Learning Algorithmen die Routen der Fahrzeuge bestmöglich optimiert. Die Herausforderung der Big Data Technologie ist es, verschiedene Daten zu sammeln und zusammen zu bringen. Anschließend werden die Daten analysiert, um sinnvolle Informationen bzw. die optimale Route daraus zu gewinnen. Bei dem zweiten Konzept hingegen sind intelligente Behälter in der Lage, durch integrierte Sensoren verschiedene Daten zu erfassen. Diese Daten werden anschließend in die Blockchain gespeichert. Diese Aufzeichnung in der Blockchain gewährleistet, dass die Daten nicht mehr geändert werden können und somit valide Informationen für alle Beteiligten zur Verfügung stehen.

Im Hinblick auf den 2) *Einsatzbereich (Corona-Krise)* können Big Data und Blockchain Technologien fast in allen Bereich eingesetzt werden. Durch die Sensorik und die Möglichkeit, jedes Fahrzeug oder jeden Container nachzuverfolgen und den genauen Standort und dessen geladene Produkte zu bestimmen, haben Unternehmen zu jedem Zeitpunkt die volle Kontrolle über ihre Fahrzeuge und das Inventar.[15] Zusätzlich können Echtzeitdaten via GPS Informationen darüber liefern, wie schnell sich ein Fahrzeug verhält, an welchen Stellen es halten muss und wie lange es unterwegs ist.

---

[15]Vgl. Industry-Analytics (o. J.).

**Tab. 4.1** Vorteile der Big-Data Technologien in der Transportlogistik. (Quelle: Eigene Darstellung)

| Aspekte der Technologie | Vorteile | Bedeutung für die Transportkette |
|---|---|---|
| Sensoren | Übertragung von Echtzeitinformationen | Bei Motorausfällen können rechtzeitig Wartungen veranschlagt werden |
| | | Frühzeitig Lieferverspätungen erkennen |
| Algorithmen | Analyse der Datensätze | Effiziente Modellierungs- und Planungsergebnisse |

Auch in der Corona-Krise kann Unternehmen A auf die Fähigkeiten der Big Data und Blockchain vertrauen. Durch die oben genannten Konzepte können Gewinnverluste, lange Wartezeiten, verspätete Lieferungen oder hohe Zeitaufwendungen für ungeeignete Routen vermieden werden. Die intelligenten Container sorgen für eine einwandfreie und sichere Lieferung. Die Aufzeichnungen in der Blockchain gewährleisten, dass die Daten nicht manipulierbar sind und für alle Akteure zur Verfügung gestellt werden.

Vor allem in der Corona-Krise könnte der Einsatz von intelligenten Containern eine große Hilfe für die ganze Bevölkerung sein. Denn sobald ein Impfstoff gegen das Covid-19 Virus existiert, könnten diese per intelligentem Kühlcontainer transportiert werden. Für die Aufrechterhaltung der Impfstoffe oder Medikamente gehören der Einbau von Temperatur-, Luftfeuchtigkeits- sowie Vibrationssensoren. Anhand eines eingebauten Speichers werden die erfassten Daten aufgezeichnet und von einem Mikrocontroller überprüft, ob die Daten noch innerhalb der Grenzenwerte liegen.

Weicht zum Beispiel die Temperatur von dem Wertebereich ab, kann die verantwortliche Person die Temperatur per Fernsteuerung angleichen. Weiterhin ist es möglich, Daten in einer grafischen Abbildung festzuhalten, auszuwerten und deren weitere Entwicklung zu prognostizieren.[16] Somit kann der Zustand des Behälters jederzeit zurückverfolgt werden und, vor dem Eintreten kritischer Temperaturen, einen Warnhinweis schicken.[17]

Was die Big Data und Blockchain-Technologie mit dem Internet der Dinge in diesem Kapitel für das Unternehmen bedeutet, wird in Tab. 4.1 und 4.2 festgehalten:

---

[16]Vgl. Reinhart (2017, S. 456–457).
[17]Vgl. ebd.

**Tab. 4.2** Vorteile der Blockchain Technologien in der Transportlogistik. (Quelle: Eigene Darstellung)

| Aspekte der Technologie | Vorteile | Bedeutung für die Transportkette |
|---|---|---|
| Mikrocontroller | Aufzeichnung und Weiterverarbeitung der Inhalte | Überwachung der Kühlkette |
| Temperatur- Luftfeuchtigkeits- und Vibrationssensoren | Informationen über die Zustände | Überblick über den Warenzustand |
| GPS-Sensoren | Übertragung von Echtzeitinformationen | Frühzeitig Fehllieferungen erkennen |
| | | Lange Wartezeiten vermeiden |
| Blockchain | Sichere Aufzeichnung und offener Zugriff von Daten | Sicherheit |
| | | Daten werden für alle Beteiligten transparent, somit können schneller Entscheidungen getroffen werden |
| | | Rückverfolgbarkeit und damit Echtheitsprüfung von Waren |

Im Hinblick auf die Leitfrage lässt sich festhalten, dass eine auf Big Data und Blockchain basierende Technologie die Transportlogistik vorantreiben könnte. Diverse Vorteile könnten die Transparenz und Zuverlässigkeit und somit auch die Effizienz von Logistikketten verbessern und auf diese Weise die Attraktivität von digitalen Technologien erhöhen.

Um in der Corona-Krise wettbewerbsfähig zu bleiben, müssen sich Unternehmen neue Geschäftsmodelle ausdenken, wie Kosten zu sparen sind und dennoch eine konstante Leistung beibehalten oder diese sogar gesteigert werden könnte. Durch die Big Data Analyse ist es möglich, Prozesse effizienter zu gestalten und gleichzeitig die Kosten zu senken. Im entwickelten Modell können die Routen der LKW effektiv optimiert werden, um unter bestimmten Umständen Zeit und Kosten zu sparen. Durch die Blockchain Technologie ist es möglich, durch den individuellen Einsatz von Sensoren, den Zustand und Ort der Ware mitzuverfolgen und auf der Blockchain sicher zu speichern.

Neben ihren Vorteilen sieht sich die Big Data und Blockchain aber auch mit diversen Herausforderungen konfrontiert. Alle Vorteile, die wir mit der Big Data erzielen wollen, basieren auf dem Verzicht unserer Privatsphäre. Datenschutz ist ein weiteres Problem, denn es muss gewährleistet werden, dass Daten nicht an Dritte gelangen können.[18] Die Blockchain dagegen ist eine komplexe Technologie und um diese umzusetzen, müssen Unternehmen in der Lage sein, sich mit neuen Servern, Programmen und Entwicklungsumgebungen vertraut zu machen.[19] Durch komplexere Netzwerke ergeben sich wiederum neue Herausforderungen für die IT-Abteilung, aber auch für andere Anwender im Unternehmen.[20]

## 4.2      Anwendungsgebiet Lagerlogistik

Die Lagerlogistik ist ein wichtiger Bereich der Unternehmenslogistik mit den Schwerpunkten der Lagerung und des internen Transports von Waren.[21] Ziel ist die optimale Nutzung von Lagerfunktionen, um den Warenein- und -ausgang sowie die Lagerung effektiv und effizient zu gestalten. Klug eingesetzt bietet eine Digitalisierung die Möglichkeit, Schwachstellen von manuellen Abwicklungen zu beseitigen und die Produktivität zu verbessern.

### 4.2.1      Lagerprobleme und Personalmangel

Die rasante Verbreitung des Virus' hat natürlich auch einen großen Einfluss auf den Personalbestand. In den letzten Monaten hatten Unternehmen häufiger mit erhöhtem Krankenstand oder Personalmangel zu kämpfen.

Laut Abb. 4.4 hat die Corona-Krise in fast einem Drittel der Unternehmen einen erhöhten Krankenstand verursacht, dazu dürften auch alle Fälle gezählt werden, bei denen Mitarbeiter in die heimische Quarantäne geschickt worden sind, von wo aus sie, gerade in der Logistik, ihre Arbeit nur bedingt oder gar nicht ausüben können.

Aufgrund der zahlreichen Maßnahmen, die zur Bewältigung der Krise zur Verfügung stehen, hat das Arbeiten außerhalb des betrieblichen Büroarbeitsplatzes immer mehr an Bedeutung gewonnen. Laut einer vom IT-Branchenverband *Bitkom* veröffentlichten Studie, arbeitet in Folge der Corona-Pandemie jeder zweite

---

[18] Vgl. ebd.

[19] Vgl. Joos (2019).

[20] Vgl. ebd.

[21] Vgl. Logistik-Manager (o. J.).

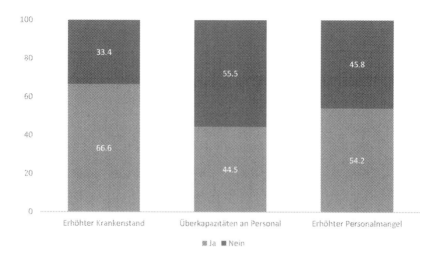

**Abb. 4.4** Auswirkungen der Corona-Pandemie auf den Personalbestand. (Quelle: Eigene Darstellung i. A. a. EHI Retail Institute (2020))

Berufstätige ganz oder zumindest teilweise im Homeoffice.[22] In der Logistik greift dieses Modell allerdings kaum, da z. B. das Transportieren, Packen oder Lagern von Waren sehr schwer umsetzbar ist. Dies führt dazu, dass Unternehmen in der Corona-Krise mit Personalmangel zu kämpfen haben und den Bedarf der Lagerkapazitäten anpassen müssen.

Im Hinblick auf den Personalmangel könnten innovative Technologien durch Flexibilität und Automatisierung einen Mehrwert schaffen. Durch fahrerlose Transportfahrzeuge (FTF) könnte ein kontinuierlicher Materialfluss gewährleistet werden; unabhängig von der Verfügbarkeit von Personal und zu jeder Tages- und Nachtzeit. Darüber hinaus wird der zwischenmenschliche Kontakt so gering wie möglich gehalten.

### 4.2.2 Konzept für eine innovative Lagerlogistik

Auf Basis der außergewöhnlichen Eigenschaften und bisherigen Erkenntnisse der innovativen Technologien soll im folgenden Abschnitt ein innovatives Modell für die Lagerlogistik entwickelt werden. Dabei wird insbesondere die technologische

---

[22]Vgl. Bitkom (2020).

Ausgestaltung eines fahrerlosen Transportfahrzeugs untersucht. Zusätzlich sollen die dabei auftretenden Stärken und Schwächen herausgearbeitet werden. Grundlegend werden zunächst einmal Annahmen und Voraussetzungen aufgestellt, bevor ein innovatives Lösungsmodell für die Lagerlogistik skizziert wird.

**Annahmen**

Es wird angenommen, dass Unternehmen A aufgrund des Ansteckungsrisikos in einigen Bereichen auf Homeoffice umstellt. Im Bereich Lagerlogistik muss Unternehmen A andere Maßnahmen treffen, um seine Mitarbeiter zu schützen, denn laut § 618 BGB ist der Arbeitnehmer vor Gefahren gegen sein Leben und seine Gesundheit zu schützen.[23] Dazu gehört auch, dass der Arbeitgeber seine Mitarbeiter davor schützt, sich bei erkrankten Kollegen anzustecken.

Weiterhin wird davon ausgegangen, dass Unternehmen A im Bereich Lagerlogistik mit Personalmangel zu kämpfen hat, da der Krankenstand drastisch gestiegen ist. Ein Nachteil für den Arbeitgeber, da kurzfristige Ausfälle in der Logistik für schwerwiegende Probleme sorgen können, da spontan oft kein Ersatz mehr organisiert werden kann. Aus dem Grund entscheidet sich Unternehmen A, sein Geschäft zu digitalisieren. Dabei wäre ein Roboter in Form von fahrerlosen Transportfahrzeugen denkbar.

**Konzeptbeschreibung**

Roboter in Form von FTF sind Schlüsseltechnologien für eine Effizienzsteigerung im Bereich Logistik. Unternehmen A fällt auf, dass in der Lagerlogistik an verschiedenen Stellen regelmäßig Transportgut anfällt, so kann bei gleichbleibendem Transportweg der Transport mit einem FTF automatisiert werden. Durch bestimmte Routen und intelligente Navigationslösungen können automatische Transportfahrzeuge diese Aufgaben einfach und reibungslos übernehmen (s. Abb. 4.5).

So werden in kleineren Lagern Standardstücke mit nur geringem Gewicht über kurze Wege transportiert, während große Systeme autonom mit mehreren Tonnen belastet werden.[24] Bisher ist in der Logistik die Liniennavigation präsent, das heißt, jedes FTF folgt einer vordefinierten optischen, magnetischen oder induktiven Leitlinie. Diese müssen physisch angebracht werden und sind Teil einer Instandhaltung.[25]

---

[23]Vgl. Bundesministerium der Justiz und für Verbraucherschutz (o. J.).

[24]Vgl. Industrial-AI (2019).

[25]Vgl. Dörr und Garcia-Lopez (2015, S. 10).

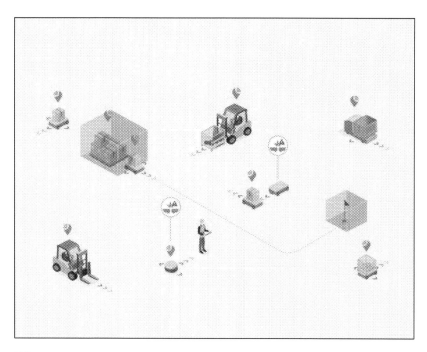

**Abb. 4.5**   Einsatz von FTF in der Logistik. (Quelle: Kinexon (2020))

Mit der entsprechenden Technologie, wie der Sensorik, Kameras, Hallsensoren oder Antennen, sorgt man dafür, dass das FTF die Spur hält. Da das fahrerlose Transportsystem autonom arbeitet und ohne Probleme erweiterbar ist, können die einmal erprobten Systeme reibungslos in neuen Lagern eingesetzt werden.

Aus dem Grund ist es wichtig, wenn nicht sogar notwendig, die Abläufe im Vorfeld mit einer Simulationssoftware zu überprüfen (s. Abb. 4.6).

**Ausgestaltung und Analyse**

Im Folgenden soll die technologische Ausgestaltung des Konzeptes diskutiert werden. Dabei stehen folgende Merkmale im Fokus:

1. **Art der Technologie**
2. **Einsatzbereich (Corona-Krise)**

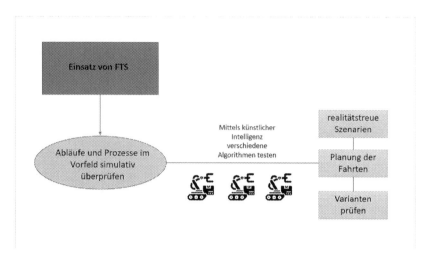

**Abb. 4.6**   Planung der FTS. (Quelle: Eigene Darstellung i. A. a. Industrial-AI (2019))

Bei der 1) *Art der Technologie* setzt das Konzept auf ein Zusammenspiel von Sensorik und Robotik. Es gibt unterschiedliche Arten von FTS und deren technologischen Ausgestaltungen bestimmen den Erfolg. Der Fahrkurs legt die Streckenführung der FTF im innerbetrieblichen Transport fest und verbindet die Be- und Entladestellen.[26] Dabei spielen folgende Aspekte eine große Rolle: Die räumliche Orientierung, die Navigation und die klare Kennzeichnung von Lagerflächen (s. Tab. 4.3).
.
   Somit unterscheiden sich die Systeme in ihrer Effizienz, Produktivität und Geschwindigkeit enorm.

   Was den 2) *Einsatzbereich (Corona-Krise)* betrifft, können fahrerlose Transportsysteme, aufgrund der Skalierbarkeit der einzelnen Systeme, in den unterschiedlichsten Einsatzgebieten genutzt werden. Vor allem in stark traditionell personalintensiven Bereichen sind FTS sehr gefragt. Laut unterschiedlichen Analysen macht der Weg zum Regal in den meisten Unternehmen bis zu 50 % der Arbeitszeit eines Mitarbeiters aus.[27] Denn um die Teile aufzuladen, von A nach B zu fahren und wieder abzuladen, wird Personal benötigt.[28] Dies stellt zugegebenermaßen einen kostenintensiven Ablauf dar, weshalb Unternehmen versuchen, ihre

---

[26]Vgl. Martin (2016, S. 289).

[27]Vgl. Michalek (2019).

[28]Vgl. Malorg (2019).

**Tab. 4.3** Unterschiedliche Navigationsarten zur Fahrzeuglenkung von FTS. (Quelle: Eigene Darstellung i. A. a. Martin (2016, S. 291–292))

| Navigationsarten | Eigenschaften | Vorteile | Nachteile |
|---|---|---|---|
| Punktnavigation | Dauermagnete in Punktfolge | Einfache Bodeninstallation | Bodenart |
| | | | Teuer bei Veränderungen am Lager und an den Fahrstrecken |
| Rasternavigation | Raster aus Magneten und Transponder | Flexibles Navigieren | Hoher Aufwand durch Bodenverarbeitung |
| | | | Teure Investition |
| Lasernavigation | Laserlenkung | Freie Navigation | Teuerste Form der Navigation |
| | | Keine Bodenverarbeitung | |
| | | | Reflektoren an Säulen |
| | | Fahrtwegänderungen leicht durchführbar | |
| | | | Kein Außeneinsatz |

Transportwege so gut es geht zu automatisieren. Mit dem Einsatz von FTS lässt sich eine Produktivitätssteigerung von bis zu 10 % erzielen.[29]

Ein weiterer Vorteil ist die effiziente Lagerhaltung. Denn Lager, die von mobilen Robotern bedient werden, können mehr Ware auf derselben Fläche unterbringen und sind zudem viel flexibler.[30] Ganz abgesehen von der geringeren Zeit, die es braucht, um einen bestimmten Artikel verfügbar zu machen.[31]

Aktuell in der Corona-Krise könnten FTS die Produktivität von Unternehmen A steigern. Der Einsatz von FTF zeigt, dass, auch wenn Unternehmen mit Personalmangel zu kämpfen haben, der Arbeitsablauf automatisch und problemlos weiter laufen kann. Unabhängig von der Verfügbarkeit von Personal und zu jeder Tages- und Nachtzeit. Hinzu kommt auch noch, dass der zwischenmenschliche Kontakt hier so gering wie möglich gehalten wird. Trotz allem ermöglichen FTS eine effektive Zusammenarbeit von Mensch und Maschine und es ergibt sich eine neue Möglichkeit zur Arbeitsgestaltung.

Was die FTS-Technologie in diesem Kapitel für das Unternehmen bedeutet, wird in Tab. 4.4 festgehalten:

---

[29]Vgl. ebd.

[30]Vgl. Weldemann (2017).

[31]Vgl. ebd.

**Tab. 4.4**  Vorteile der FTS für die Logistik. (Quelle: Eigene Darstellung i. A. a. Martin (2016): 291–292)

| Aspekte der Technologie | Vorteile | Bedeutung für die Logistikkette |
|---|---|---|
| Optische Sensoren, Magnetstreifen, Laser | Automatische Fahrzeugsteuerung | Optimierung der Nutzfläche |
| | | Bei Personalmangel, problemlose Integration in Lagestrukturen |
| | | Steigerung der Produktionsplanbarkeit |
| | | Minimierung von Unfällen |
| | | Minimierung von Schäden an der Ware |
| Künstliche Intelligenz | Simulation | Realitätstreue Szenarien |
| | | Bessere Planung |
| | Umgebungsanalyse | Bessere Orientierung |
| | Reaktion auf Sprachbefehle | Effektive Vernetzung |

Im Hinblick auf die Leitfrage lässt sich festhalten, dass FTS die Produktivität der Lagerlogistik vorantreiben könnten. Diverse Vorteile könnten die Transparenz und Zuverlässigkeit und somit auch die Effizienz von Logistikketten verbessern und auf diese Weise die Attraktivität von digitalen Technologien erhöhen.

Vor allem die Flexibilität der FTS steht im Vordergrund, die durch folgende Merkmale unterstrichen werden: Die einfache Veränderung bzw. Umsetzungen von Lagerlayouts, die hohe Skalierbarkeit und die guten Anpassungen an schwankende Leistungsanforderungen.

Besonders die intelligente Vernetzung der Fahrzeuge im Kontext mit der Industrie 4.0 (vgl. Abschn. 2.2) ist eine neue Revolution und kann die Effizienz eines Unternehmens enorm verbessern. Das Fraunhofer IPA arbeitet an der Umsetzung einer cloudbasierten Navigationslösung für den industriellen Einsatz.[32] Alle am Prozess beteiligten Komponenten wären als CPS vernetzt und tauschen kontinuierlich Informationen aus.[33] Diese Funktion eröffnet neue Bereiche für Planung und Steuerung und alles kann als ein vernetztes System gesteuert werden.

Allerdings darf nicht unberücksichtigt bleiben, dass trotz alledem das FTS Grenzen und gewisse Nachteile aufweist, wozu etwa die Komplexität des Systems zählt.

---

[32]Vgl. Dörr und Garcia-Lopez (2015, S. 13).

[33]Vgl. ebd.

Stößt das Fahrzeug auf Hindernisse oder ist beschädigt, benötigt es einen manuellen Eingriff. Bei der Inbetriebnahme erfordert dies spezielles und geschultes Personal, was kostenintensiv sein kann. Weiterhin spielen die Anschaffungskosten eine große Rolle, je nach Wunsch und Individualität kann sich der Preis ändern.

Da die Fahrzeugsteuerung durch optische oder induktive Verfahren erfolgen kann, muss man hier auch erwähnen, dass optische Verfahren anfällig für Verschmutzungen sind.

Insgesamt weisen die FTS Potenziale in der Automatisierung der Transportwege auf. Sie sind flexibel und lassen sich an jeden Arbeitsablauf anpassen. Andererseits sind Aspekte wie geschultes Personal für die Inbetriebnahme und hohe Anschaffungskosten zu beachten.

## 4.3 Anwendungsgebiet Informationslogistik

Die Informationslogistik betrachtet Prozesse aus einer ganzheitlichen Perspektive heraus und hat das Ziel, Mitarbeiter und Führungskräfte einer Organisation handlungs- und entscheidungsrelevante Informationen in der richtigen Menge, zur richtigen Zeit, am richtigen Ort und in der richtigen Form unter Einhaltung rechtlicher Vorgaben zu angemessen Kosten zu verschaffen.[34] Der Austausch von Informationen und Daten ist ein wichtiger Bestandteil der Digitalisierung, also wäre eine Umstellung auf digitale Prozesse für alle Unternehmen denkbar. Denn schnelle, sichere und exakte Informationen gewähren einen Zeitvorsprung im Wettbewerb und führen zu einem effektiven und sicheren Geschäftsablauf.[35]

### 4.3.1 Papierbasierte Transportdokumente

Eins steht fest, die Corona-Krise treibt die Digitalisierung der Arbeitswelt enorm voran. Unternehmen führen digitale Kommunikationstools ein und versuchen somit, den zwischenmenschlichen Kontakt so gut es geht zu vermeiden. In einer Transportkette sind viele Akteure beteiligt, das heißt, wer Ware von A nach B transportiert, muss diverse Transportpapiere mit Informationen zum Transportgut mitschicken.[36] Ein Frachtpapier besteht aus folgenden Angaben:

---

[34]Vgl. Willuda (2014).

[35]Vgl. Schulte (2012, S. 67).

[36]Vgl. Homrich (2018).

Absender, Empfänger, beigefügte Dokumente, Art und Menge des Transportgutes, Kfz-Kennzeichen und Frachtführer.[37]

Laut Bundesverband *Güterkraftverkehr Logistik und Entsorgung* ließen sich durch die Umstellung jährlich dreistellige Millionenbeiträge sparen.[38]

Faktoren wie Kosten und Zeit spielen in der Corona-Krise eine wichtige Rolle. Das bedeutet, dass es aufgrund der Grenzkontrollen in der Transportkette zu erheblichen Wartezeiten kommen kann, z. B., wenn die Ladung den Bestimmungsort erreicht hat und die erforderlichen Transportpapiere nicht vorliegen. Außerdem ist es möglich, dass diese verloren gehen oder manipuliert werden könnten, da der Transportweg lang ist und mehrere Personen inkludiert sind.

Ein Logistikunternehmen fand heraus, dass die Umstellung auf digitale Transportpapiere, ohne die vielfache Bearbeitung der Dokumente und die damit verbundene häufig lange Wartezeit, die Transportreise von 34 Tagen auf 24 Tage reduziert hat.[39]

Digitale Frachtbriefe haben das Potenzial, die Probleme zu beheben und gleichzeitig die Verbreitung des Corona-Virus einzudämmen.

### 4.3.2   Konzept für eine innovative Informationslogistik

In diesem Kapitel soll, auf Grundlage der bisherigen Erkenntnisse über die Digitalisierung, ein innovatives Konzept für die Informationslogistik erarbeitet werden. Im Fokus stehen dabei vor allem der Ablauf und die Ausgestaltung einer intelligenten und digitalen Informationslogistik unter Berücksichtigung der Corona-Krise. Abschließend werden die Potenziale und Grenzen der Technologie in diesem Anwendungsbereich diskutiert.

**Annahmen**

Zuerst wird angenommen, dass Unternehmen A sein Kommunikationstool besonders im Seetransport digitalisieren möchte. Unternehmen A kauft seine Ware von einem Exporteur und diese wird von einem Schiff über die Meere transportiert, wobei viele Papierdokumente bzw. Schiffsfrachtpapiere entstehen. Papierbasierte Schiffsfrachtdokumente kosten Zeit und Geld, die Unternehmen A sich aktuell in

---

[37] Vgl. Logistikknowhow (2016).

[38] Vgl. Homrich (2018).

[39] Vgl. ebd.

der Corona-Krise überhaupt nicht leisten kann. Nebenbei möchte das Unternehmen auf herkömmliche Frachtpapiere verzichten, um den zwischenmenschlichen Kontakt so gut es geht zu verringern und ressourcenschonender zu arbeiten. Des Weiteren stellt es fest, dass die Anmerkungen über Beschädigungen viel zu spät ankommen. Dies führt zu einer Verringerung der Produktivität. Das Problem möchte es anhand eines innovativen Konzepts lösen.

**Konzeptbeschreibung**
Beim Seetransport gehört das sogenannte Konnossement zu den grundlegenden Dokumenten. Dieses Dokument liegt in Papierform vor und stellt ein Warenwertpapier dar.[40] Hierbei handelt es sich um einen vom Verfrachter ausgestellten Transportschein im Seetransport, der die Rechtsbeziehung zwischen dem Verlader, dem Verfrachter und dem Empfänger der beförderten Ware regelt.[41] Der Informationenaustauschprozess kann kosten- und zeitintensiv sein. Mithilfe der Verwendung einer Blockchain-Technologie kann der Austauschprozess vereinfacht werden.

Eine der Blockchain- Plattformen, die in der globalen Schifffahrtsbranche zur Anwendung kommen, ist das *TradeLens*. Diese ist eine blockchainbasierte Handelsplattform und ermöglicht es Teilnehmern, sich über die gesamte Lieferkette hinweg zu verbinden, Informationen auszutauschen und digital zusammenzuarbeiten.[42] Verschiedene Handelspartner können so zusammenarbeiten und Informationen über die Transaktionen und Handelswege schnell und einfach miteinander teilen.

Normalerweise wird das Konnossement von dem Verfrachter erstellt, nachdem er die Ware vom Exporteur erhalten hat. Die Unterlagen bekommt als erstes der Exporteur. Sobald der Importeur bezahlt hat, leitet der Exporteur, also der Versender der Ware, die Dokumente an den Importeur weiter. Anschließend kann der Importeur mit dem Vorzeigen des Konnossements die Ware am Zielort annehmen.

Mithilfe der Blockchain Technologie können einzelne Versandvorgänge und Tausende von Dokumenten verarbeitet und gleichzeitig Verladern, Spediteuren, Frachtführern, Zollbeamten, Hafenbehörden, Binnentransportunternehmen und anderen Beteiligten ein durchgängiger Überblick über alle Transaktionen verschafft werden (s. Abb. 4.7).[43] Der Ablauf gestaltet sich somit effizienter und transparenter.

---

[40]Vgl. Gerhardt (2019, S. 74) und die dort angegebene Literatur.
[41]Vgl. Transport-Informations-Service (o. J.).
[42]Vgl. DVZ (2019).
[43]Vgl. ebd.

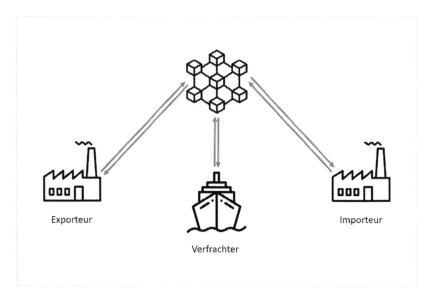

**Abb. 4.7** Austauschprozess von Frachtdokumenten mittels Blockchain. (Quelle: Eigene Darstellung)

**Ausgestaltung und Analyse**
Die Ausgestaltung der Blockchain-Implementierung für das entwickelte Modell soll im folgenden Abschnitt anhand folgender Punkte erörtert werden:

1. **Art der Technologie**
2. **Einsatzbereich (Corona-Krise)**

Bei der 1) *Art der Technologie* handelt es sich um eine *Ethereum-Blockchain*. Die Blockchain Technologie erlaubt einen direkten Austausch von Dokumenten und Informationen über ein dezentrales Netzwerk. Nebenbei ermöglicht es den berechtigten Parteien einen sicheren Datenaustausch in Echtzeit, über die die Transaktionen innerhalb des Netzwerks unverändert und fälschungssicher dokumentiert werden können. Die Blockchain-Technologie könnte auch Datentransparenz und -zugriff zwischen den Akteuren der Lieferkette ermöglichen und so eine einzige „Quelle der Wahrheit" schaffen.[44] Demnach bieten blockchainbasierte Lösungen Potenzial für innovative Konzepte.

Was den 2) *Einsatzbereich (Corona-Krise)* betrifft, können blockchainbasierte Technologien in der ganzen Supply-Chain Kette angewendet werden. Viele Bereiche der logistischen Kette sind zudem an manuelle Prozesse gebunden, die von Aufsichtsbehörden vorgeschrieben sind. Die manuellen Dateneingaben und papiergestützte Dokumente könnte man heutzutage digitalisieren und somit Kosten und Zeit sparen.

Vor allem in der Corona-Krise sieht man ein großes Potenzial für Blockchain bei Arzneimitteln. Durch die Nutzung eines gemeinsamen und sicheren Transaktionsregisters kann die Branche für die gesamte Lieferkette von der Herstellung bis zum Patienten viel höhere Sicherheitsstandards erzielen, ohne Manipulationen und Fälschungen.[45]

Um in der aktuellen Corona-Krise die Effizienz in der Seefracht zu steigern, muss Unternehmen A seine Handelsdokumentationen digitalisieren. Denn der Informationstausch nimmt sehr viel Zeit und Geld in Anspruch. Wegen der Digitalisierung von Handelsabläufen, hat jeder Beteiligte den Status der Zolldokumente oder des Konnossements im Blick. Ist eine Ware beschädigt, so kann der Fahrer dies entsprechend in Echtzeit dokumentieren. So können Handelsabläufe flexibler gestaltet werden und man erzielt eine erhebliche Zeitverkürzung in der Transportkette.

Was die Blockchain-Technologie in diesem Kapitel für das Unternehmen bedeutet, wird in Tab. 4.5 festgehalten:

Im Hinblick auf die Leitfrage lässt sich feststellen, dass, mithilfe der Digitalisierung von Dokumenten in der Blockchain, die Kosten bei der Verwaltung der Frachtpapiere beim Seetransport minimiert werden können. Neben der Kostensenkung ermöglicht das Konzept eine fehlerfreie Dokumentation und eine schnelle Übertragung von Originaldokumenten. Somit entfallen die durch die Lieferverzögerungen bedingten Wartezeiten bei den Papieren. Das dezentrale Netzwerk sorgt für eine direkte Kommunikation, ohne zentrale Stellen, sodass jeder Beteiligte schnellen Zugriff auf die einzig wahre Quelle hat.

Allerdings darf nicht unberücksichtigt bleiben, dass trotz alledem die Blockchain Grenzen und gewisse Nachteile aufweist. Fehler können immer eintreten, damit muss jedes Unternehmen rechnen. Außerdem sind Manipulationen nicht ganz ausgeschlossen, trotz aller Sicherheit ist es möglich Daten zu stehlen oder zu fälschen, es besteht immer ein Restrisiko. Die Transparenz kann auf der einen Seite ein Vorteil sein, ist aber auf der anderen Seite auch ein Nachteil. Es kann sein, dass auch

---

[44]Vgl. ebd.
[45]Vgl. ebd.

**Tab. 4.5** Vorteile der Blockchain-Technologie bei digitalem Informationsaustausch. (Quelle: Eigene Darstellung)

| Aspekte der Technologie | Vorteile | Bedeutung für die Logistikkette |
|---|---|---|
| Digitaler Austauschprozess | Digitalisierung der Dokumente | Kostenreduktion |
| | | Keine Wartezeiten |
| | | Verringerte Fehleranfälligkeiten |
| | | Einfaches Archivieren |
| | | Transparenter Prozess |
| Offener Zugang in der Blockchain | Teilen von Daten | Alle Akteure haben zur gleichen Zeit dieselbe Informationsbasis |
| | | Selektiver Zugriff auf Daten |
| Aufzeichnung der Daten in der Blockchain | Transparente und fälschungssichere Datenspeicherung | Zuverlässiger Informationsaustausch |

andere Personen Einsicht in die Transaktionsakte erhalten. Darüber hinaus sind auch noch komplexe rechtliche Herausforderungen bei der Blockchain-Anwendung zu beachten.

Zwar hat die Blockchain das Potenzial Kosten und Zeit zu sparen, jedoch können die hohen Kosten abschreckend wirken.

# Fazit

5

Die vorliegende Arbeit hat sich zu Beginn mit der Fragestellung beschäftigt, inwieweit die Digitalisierung in der Corona-Krise die Arbeitswelt verändern kann und wie sich die Auswirkungen der Digitalisierung auf die Logistikkette bemerkbar machen.

Dazu wurden zunächst in Kap. 2 die „Grundlagen der Digitalisierung" im Rahmen von „Industrieller Revolution" definiert und abgegrenzt. Anschließend wurden die Bausteine der innovativen Technologien erläutert und wesentliche technologische Elemente aufgezeigt.

Das dritte Kapitel befasst sich mit der Corona-Krise und den derzeitigen Herausforderungen für die deutsche Wirtschaft. Weiterhin wird in dem Kapitel erläutert, welche innovativen Technologien in der Corona-Krise eingesetzt werden können, um das Virus einzudämmen. Damit einher ging die Frage, inwieweit die Digitalisierung in der Corona-Krise eingesetzt werden und welchen Beitrag sie für die Lagerlogistik leisten könnte.

Im Zusammenhang mit der Leitfrage wurden in Kap. 4 die Anwendungsgebiete Transportlogistik, Lagerlogistik und Informationslogistik analysiert. Auf Basis der Grundlagen der Digitalisierung wurden, in Verbindung mit neuen Technologien und unter Berücksichtigung der Corona-Krise, innovative Konzepte erarbeitet. Als erstes wurden Annahmen für die jeweiligen Szenarien formuliert, um das Konzept gezielt auf den Bereich zu optimieren. Danach wurde das Konzept beschrieben und im Anschluss analysiert.

In der Corona-Krise hat der Logistikbereich *Transportlogistik* gezeigt, dass die Warenbeschaffung sehr unübersichtlich und komplex sein kann. Lange Wartezeiten, Grenzkontrollen und Staus führen zu einem Verlust der Produktivität. Innovative Technologien können durch Transparenz und Automatisierung einen Mehrwert schaffen und Unternehmen helfen, die Transportlogistik flexibler zu

A. Goudz und S. Erdogan, *Digitalisierung in der Corona-Krise,* essentials, https://doi.org/10.1007/978-3-658-33419-2_5

gestalten. Mittels Big Data ist es möglich, die Transportfahrzeuge effektiver zu
steuern und der Fahrer kann durch die Echtzeitanalyse schneller auf plötzliche
Änderungen in der vorherigen Route reagieren. So können lange Wartezeiten
und verzögerte Lieferungen vermieden werden. Allerdings sind dabei auf die
hohen Kosten und Datenschutzprobleme zu achten. Mittels der Blockchain Technologie ist es möglich, Container „intelligent" zu gestalten. Sensoren sorgen für
die Aufzeichnung unterschiedlicher Werte, wie Temperatur oder Vibration. Für
die Rückverfolgbarkeit von Waren und als Nachweis für die Kühlkette, können
alle Daten in der Blockchain abgespeichert und eingesehen werden. Die Analyse
hat gezeigt, dass die Blockchain dennoch ein komplexes System ist und hoher
Speicheraufwand benötigt wird.

Auch im Bereich *Lagerlogistik* lassen sich innovative Technologien sehr
effektiv einsetzen. Unternehmen haben in der Corona-Krise aufgrund erhöhten Krankenstandes mit Personalmangel zu kämpfen und müssen demnach ihr
Personal und Lager effektiv gestalten. Durch fahrerlose Transportfahrzeuge
(FTF) könnte ein kontinuierlicher Materialfluss gewährleistet werden, unabhängig von der Verfügbarkeit von Personal und zu jeder Tages- und Nachtzeit.
Durch die Digitalisierung würde man einerseits Personalkosten sparen und sein
Lager flexibler gestalten. Dabei ist eine gute Planung eine Voraussetzung, die
mittels künstlicher Intelligenz simuliert werden kann. Der hohe Kostenaufwand
für die Planung und Investitionen für die Transportfahrzeuge könnten für einige
Unternehmen eine Herausforderung werden.

Neben der *Transportlogistik* und *Lagerlogistik,* könnte auch im Bereich *Informationslogistik* digitalisiert werden. Durch die Umstellung von papierbasierten
Transportdokumenten auf elektrische Transportdokumente könnten Zeit und Kosten gespart werden. Vor allem in der Corona-Krise spielen beide vorhin genannten
Faktoren eine wichtige Rolle, denn wenn die Ladungen den Bestimmungsort
erreichen haben und die erforderlichen Dokumente nicht vorliegen, kommt es zu
erheblichen Wartezeiten. Auf der einen Seite können durch digitale Transportdokumente Kosten wie Druck- oder Versandkosten eingespart und auf der anderen
Seite Lieferverzögerungen minimiert werden. Die Blockchain-Technologie sorgt
für die sichere Datensicherung und den offenen Zugang für alle beteiligten
Akteure. So kann der Prozess flexibler gestaltet und im Rahmen der Corona-Krise
das Ansteckungsrisiko verringert werden. Dennoch lässt sich durch die Analyse feststellen, dass die Blockchain nicht skalierbar ist und ebenfalls rechtliche
Herausforderungen mit sich bringt.

Bezüglich der eingangs formulierten Leitfrage lässt sich insgesamt sagen,
dass innovative Technologien das Potenzial besitzen, beim Eindämmen des
Corona-Virus zu helfen und einen Beitrag zur Erhöhung der Produktivität in der

Logistikbranche zu leisten. Zumal sollte als erstes versucht werden, das Virus an sich zu bekämpfen, um weitere wirtschaftliche Folgen zu vermeiden. Heutzutage gibt es unterschiedliche Arten von Technologien, von Robotik bis zur Blockchain, die in der Corona-Krise gezielt eingesetzt werden können, um das Virus einzudämmen. Es gibt digitale Technologien, um die Ausbreitung des Virus zu überwachen, um Impfstoffe zu entwickeln und um das ohnehin überstrapazierte Gesundheitssystem zu entlasten.

Die diversen aktuellen und zukünftigen Projekte unterstreichen die Erwartungen an die Digitalisierung und deren Potenzial. Die entwickelten Konzepte haben ebenfalls gezeigt, dass der Einsatz von intelligenten Technologien diverse Vorteile bieten, die helfen könnten, die formulierten Ziele im Rahmen der Logistikbranche, trotz Herausforderungen der Corona-Pandemie, zu erreichen. In Zeiten wie diesen muss stärker in Innovation und Digitalisierung investiert werden, um auch für neue mögliche Pandemien gerüstet und vorbereitet zu sein.

# Was Sie aus diesem *essential* mitnehmen können

- Die Grundlagen und Bausteine der innovativen Technologien
- Die Herausforderungen und wirtschaftliche Auswirkungen der Corona-Krise
- Ein Überblick über die Technologien zur Eindämmerung der Corona-Pandemie
- Stärken und Schwächen der Digitalisierung in ausgewählten Logistikbereichen
- Den Impuls, in Innovation und Digitalisierung zu investieren

© Der/die Herausgeber bzw. der/die Autor(en), exklusiv lizenziert durch
Springer Fachmedien Wiesbaden GmbH, ein Teil von Springer Nature 2021
A. Goudz und S. Erdogan, *Digitalisierung in der Corona-Krise,* essentials,
https://doi.org/10.1007/978-3-658-33419-2

# Literatur

*Andelfinger, Volker P.; Hänisch, Till* (Hrsg.) (2017): Industrie 4.0. Wiesbaden: Springer Gabler.

*Becker, Wolfgang et al.* (2020): Industrielle Digitalisierung. Wiesbaden: Springer Gabler.

*Bendel, Oliver* (o. J.): Serviceroboter. URL: https://wirtschaftslexikon.gabler.de/definition/serviceroboter-54472. Zugegriffen: 03.09.2020.

*Bergrath, Jan* (2020): Föderales Wirrwarr. URL: https://www.eurotransport.de/artikel/sonn-und-feiertagsfahrverbote-foederales-wirrwarr-11161974.html. Zugegriffen: 03.09.2020.

*Bitkom* (2020): Corona-Pandemie: Arbeit im Homeoffice nimmt deutlich zu. URL: https://www.bitkom.org/Presse/Presseinformation/Corona-Pandemie-Arbeit-im-Homeoffice-nimmt-deutlich-zu. Zugegriffen: 03.09.2020.

*Bundesministerium der Justiz und für Verbraucherschutz* (o. J.): Bürgerliches Gesetzbuch (BGB) § 618 Pflicht zu Schutzmaßnahmen. URL: https://www.gesetze-im-internet.de/bgb/__618.html. Zugegriffen: 03.09.2020.

*Bundesministerium für Wirtschaft und Energie* (2020): Betroffenheit deutscher Unternehmen durch die CoronaPandemie. URL: https://www.bmwi.de/Redaktion/DE/Downloads/B/betroffenheit-deutscher-unternehmen-durch-die-corona-pandemie.pdf?__blob=publicationFile&v=4. Zugegriffen: 03.09.2020.

*Bundesministerium für Wirtschaft und Energie* (2013): Monitoring-Report Digitale Wirtschaft 2013. URL: https://www.bmwi.de/Redaktion/DE/Publikationen/Digitale-Welt/monitoring-report-digitale-wirtschaft-2013.html, Zugegriffen: 03.09.2020.

*Catkin* (2020): Die Digitalisierung innerhalb der Corona Krise. URL: https://www.catkin.eu/die-digitalisierung-innerhalb-der-corona-krise/. Zugegriffen: 03.09.2020.

*Dany-Knedlik, Geraldine* (2020): Corona-Krise: Welche Folgen hat die Pandemie für die Wirtschaft?. URL: https://www.bpb.de/politik/innenpolitik/coronavirus/310192/wirtschaft, Zugegriffen: 03.09.2020.

*Deter, Alfons* (2020): Thermalkamera erkennt Fieber beim Vorbeilaufen. URL: https://www.topagrar.com/panorama/news/thermalkamera-erkennt-fieber-beim-vorbeilaufen-12091342.html, Zugegriffen: 03.09.2020.

*DIW* (2020): Deutsche Wirtschaft: Corona-Virus stürzt deutsche Wirtschaft in eine Rezession: Grundlinien der Wirtschaftsentwicklung im Frühjahr 2020. URL: https://www.diw.de/de/diw_01.c.743578.de/publikationen/wochenberichte/2020_12_3/deutsche_wirtschaft__corona-virus_stuerzt_deutsche_wirtschaf___on__grundlinien_der_wirtschaftsentwicklung_im_fruehjahr_2020.html, Zugegriffen: 29.01.2021.

© Der/die Herausgeber bzw. der/die Autor(en), exklusiv lizenziert durch
Springer Fachmedien Wiesbaden GmbH, ein Teil von Springer Nature 2021
A. Goudz und S. Erdogan, *Digitalisierung in der Corona-Krise*, essentials,
https://doi.org/10.1007/978-3-658-33419-2

*Dörr, Stefan; Garcia-Lopez, Felipe* (2015): Vernetzte intelligente Navigation für fahrer-lose Transportsysteme. URL: http://publica.fraunhofer.de/eprints/urn_nbn_de_0011-n-3476299.pdf. Zugegriffen: 03.09.2020.

*DVZ* (2019): Tradelens: Die Blockchain erobert die Containerschifffahrt. URL: https://www.dvz.de/rubriken/see/detail/news/tradelens-die-blockchain-erobert-die-containersch ifffahrt.html. Zugegriffen: 03.09.2020.

*Ebert, Natalie* (o. J.): Die Allgegenwärtigkeit des Ubiquitous Computing: Das Internet der Dinge und der Einfluss auf Business Intelligence. URL: http://www.unternehmensste uerung20.de/die-allgegenwaertigkeit-des-ubiquitous-computing-das-internet-der-dinge-und-der-einfluss-auf-business-intelligence/. Zugegriffen: 03.09.2020.

*Europäische Kommission* (2020): Digitale Technologien – mit innovativen Lösungen die Coronakrise meistern. URL: https://ec.europa.eu/info/live-work-travel-eu/health/corona virus-response/digital_de. Zugegriffen: 03.09.2020.

*Fill, Hans-Georg; Meier, Andreas* (Hrsg.) (2020): Blockchain. Wiesbaden: Springer Gabler.

*Fraunhofer IGD* (o. J.): Mensch-Maschine-Interaktion (HCI). URL: https://www.igd.fra unhofer.de/kompetenzen/forschungslinien/mensch-maschine-interaktion-hci. Zugegrif-fen: 03.09.2020.

*Foth, Egmont* (2016): Erfolgsfaktoren für eine digitale Zukunft. Berlin: Springer-Verlag.

*Gerhardt, Daniel* (2019): Blockchain Technologie in der Schifffahrt. Berlin: Wissenschaftli-cher Verlag Berlin.

*GIT-Sicherheit* (2020): Kampf gegen Coronavirus: Thermalkamera von Dahua hilft bei Prävention und Kontrolle von Epidemien. URL: https://cambuy.de/magazin/schutz massnahmen-gegen-das-coronavirus-mit-fieber-screening-thermal-kameras/. Zugegrif-fen: 03.09.2020.

*Glöser, Sabine* (2020): SARS-CoV-2: Roboter helfen beim Desinfizieren. In: Deutsches Ärzte-blatt. URL: https://www.wiso-net.de/login?targetUrl=%2Fdocument%2FDAE__20d6a6 f067e2cd41dc5db5d70319ff3487ad2549. Zugegriffen: 03.09.2020.

*Groß, Christoph; Pfennig, Roland* (2019): Digitalisierung in Industrie, Handel und Logistik, 2. Aufl. Wiesbaden: Springer Gabler.

*Gruenderszene* (2019): Internet of Things. URL: https://www.gruenderszene.de/lexikon/beg riffe/internet-of-things. Zugegriffen: 03.09.2020.

*Hansen, Patrick* (2020): Blockchain Projekte in der Corona-Pandemie. URL: https://www.bit kom.org/Themen/Technologien-Software/Blockchain/Blockchain-Projekte-in-der-Cor ona-Pandemie. Zugegriffen: 03.09.2020.

*Homrich, Roger* (2018): Papierlose Logistik. URL: https://www.t-systems.com/de/best-pra ctice/02-2018/best-practices/paperless-logistics/papierlose-logistik-806502. Zugegriffen: 03.09.2020.

*Industrial-AI* (2019): Autonome Fahrzeuge bestmöglich einsetzen. URL: https://www.ind-ai.net/kuenstliche-intelligenz-in-der-robotik/xxx/. Zugegriffen: 03.09.2020.

*Industry Analytics* (o. J.): Chancen und Risiken durch Big Data. URL: http://www.industry-analytics.de/chancen-und-risiken-durch-big-data/. Zugegriffen: 03.09.2020.

*Infineon* (2018): Grundlagen der Robotik. URL: https://www.infineon.com/cms/de/discov eries/grundlagen-robotics/. Zugegriffen: 03.09.2020.

*Joos, Thomas* (2019): 5 Vorteile und 5 Nachteile der Blockchain-Technologie. URL: https://www.blockchain-insider.de/5-vorteile-und-5-nachteile-der-blockchain-tec hnologie-a-881712/. Zugegriffen: 03.09.2020.

*Juschkat, Katharina* (2016): Sensortechnik als Grundlage für Industrie 4.0. URL: https://www.industry-of-things.de/sensortechnik-als-grundlage-fuer-industrie-40-a-556790/. Zugegriffen: 03.09.2020.

*Kempcke, Thomas* (2020): Lieferausfälle und Personalmangel. URL: https://www.ehi.org/de/lieferausfaelle-und-personalmangel/. Zugegriffen: 03.09.2020.

*Kinexon* (2020): Mit AMRs das Warehouse und Supply Chain Management automatisieren. URL: https://kinexon.com/de/robotik. Zugegriffen: 03.09.2020.

*Kühl, Eike* (2020): Mit künstlicher Intelligenz gegen das Coronavirus. URL: https://www.zeit.de/digital/internet/2020-03/covid-19-kuenstliche-intelligenz-coronavirus-diagnose-technik. Zugegriffen: 03.09.2020.

*Lehmann, Sandra* (2020): Coronapandemie: Wege aus der Krise. URL: https://logistik-heute.de/news/coronapandemie-wege-aus-der-krise-31337.html. Zugegriffen: 03.09.2020.

*Leichsenring, Hansjörg* (2019): Digitale Technologien verändern Innovationsprozesse. URL: https://www.der-bank-blog.de/digitale-technologien-innovationsprozesse/studien/innovation-studien/37657583/. Zugegriffen: 03.09.2020.

*Logistikknowhow* (2016): CMR: der Frachtbrief. URL: https://logistikknowhow.com/materialfluss-und-transport/cmr-der-frachtbrief/. Zugegriffen: 03.09.2020.

*Logistikknowhow* (2013): Transportlogistik. URL: https://logistikknowhow.com/materialfluss-und-transport/transportlogistik/. Zugegriffen: 03.09.2020.

*Logistik Manager* (o. J.): Lagerlogistik. URL: http://logistik-manager.com/lagerlogistik/. Zugegriffen: 03.09.2020.

*Magazin Sicherheitstechnik* (o. J.): Schutzmaßnahmen gegen das Coronavirus mit Fieber-Screening-Thermal-Kameras. URL: https://cambuy.de/magazin/schutzmassnahmen-gegen-das-coronavisrus-mit-fieber-screening-thermal-kameras/. Zugegriffen: 03.09.2020.

*Malorg* (2019): Automatisiert vom Regal zur Fertigungslinie – Fahrerlose Transportsysteme (FTS) in der Lagerlogistik. URL: https://www.malorg.de/2019/07/11/automatisiert-vom-regal-zur-fertigungslinie-fahrerlose-transportsysteme-fts-in-der-lagerlogistik/. Zugegriffen: 03.09.2020.

*Martin, Heinrich* (2016): Transport- und Lagerlogistik, 10. Aufl. Wiesbaden: Springer Gabler.

*Medica* (2020): Optischer Biosensor für das COVID-19-Virus. URL: https://www.medica.de/de/News/Archiv/Optischer_Biosensor_f%C3%BCr_das_COVID-19-Virus. Zugegriffen: 03.09.2020.

*Mein-Roboterarm* (2015): Was verstehen wir unter dem Begriff Roboter?. URL: http://mein-roboterarm.de/was-verstehen-wir-unter-dem-begriff-roboter/. Zugegriffen: 03.09.2020.

*Meitinger, Therese* (2020): Corona-Pandemie: Logistikweise fordern Lockdown-Ausstiegsplan. URL: https://logistik-heute.de/news/corona-pandemie-logistikweise-fordern-lockdown-ausstiegsplan-30337.html. Zugegriffen: 03.09.2020.

*Michalek, Raphael* (2019): Was sind fahrerlose Transportsysteme? Definition & Vorteile. URL: https://www.mm-logistik.vogel.de/was-sind-fahrerlose-transportsysteme-definition-vorteile-a-658199/. Zugegriffen: 03.09.2020.

*Moßner, Julia; Bergmann, Linda; Human, Sebastian* (2019): Internet of Things – Definition, Technologie und Anwendung. URL: https://www.industry-of-things.de/internet-of-things-definition-technologie-und-anwendung-a-878883/. Zugegriffen: 03.09.2020.

*Musser, George* (2019): Maschinen mit menschlichen Zügen. In: Spektrum Kompakt – Künstliche Intelligenz, Spektrum der Wissenschaft Verlagsgesellschaft mbH: 4–16.

*Nägele, Thomas et al.* (2020): Die Entwicklung des Datenschutzrechts im zweiten Jahr der DSGVO (Teil 2). In: Der Betrieb, Nr. 30. URL: https://www.wiso-net.de/document/ MCDB__fa6efbdcc1fb33f61c7aece21456050b57ef66db. Zugegriffen: 03.09.2020.

*Ravling, Jann* (2019): Was ist Industrie 4.0? Die Definition von Digitalisierung. URL: https://www.wfb-bremen.de/de/page/stories/digitalisierung-industrie40/was-ist-industrie-40-eine-kurze-erklaerung. Zugegriffen: 03.09.2020.

*Redaktionsnetzwerk Deutschland (RND)* (2020): Wegen Corona: OECD rechnet mit weltweit dramatischer Wirtschaftskrise. URL: https://www.rnd.de/eilmeldung/wegen-corona-oecd-rechnet-mit-weltweit-dramatischer-wirtschaftskrise-Q7Y4JPD2QBE2HBF3X2 YBIBMHSI.html. Zugegriffen: 03.09.2020.

*Reinhart, Gunther* (2017): Handbuch Industrie 4.0. München: Carl Hanser Verlag.

*Rump, Jutta; Eilers, Silke* (2020): Die vierte Dimension der Digitalisierung. Berlin: Springer-Verlag.

*Schulte, Christof* (2012): Logistik: Wege zur Optimierung der Supply Chain, 6. Aufl. München: Vahlen.

*Statistisches Bundesamt* (2020): Außenhandelssaldo. URL: https://www.destatis.de/ DE/Themen/Wirtschaft/Konjunkturindikatoren/Aussenhandel/kah613.html. Zugegriffen: 03.09.2020.

*Süddeutsche Zeitung* (2020): 10,1 Millionen in Kurzarbeit, 308 000 Menschen wurden arbeitslos. URL: https://www.sueddeutsche.de/wirtschaft/corona-kurzarbeit-arbeitslosigkeit-1. 4893532. Zugegriffen: 03.09.2020.

*Suhr, Frauke* (2020): Arbeitslosigkeit in Deutschland gestiegen. URL: https://de.statista. com/infografik/22188/entwicklung-der-arbeitslosenquote-in-deutschland-waehrend-der-corona-krise/. Zugegriffen: 03.09.2020.

*Tagesschau* (2020): Altmaier erwartet schwere Rezession. URL: https://www.tagesschau.de/ wirtschaft/altmaier-corona-rezession-101.html. Zugegriffen: 03.09.2020.

*Transport-Informations-Service* (o. J.): Transportdokumente und Begleitpapiere. URL: https://www.tis-gdv.de/tis/bedingungen/trpdoku/inhalt-htm/. Zugegriffen: 03.09.2020.

*Vogel-Heuser, Birgit; Bauernhansl, Thomas; Hompel, Michael ten* (Hrsg.) (2020): Handbuch Industrie 4.0 Bd. 3, 2. Aufl. Berlin: Springer-Verlag.

*Von Rekowski, Elke* (2020): Optischer Biosensor findet Coronavirus. URL: https://mednic.de/ optischer-biosensor-findet-covid-19-virus/13962. Zugegriffen: 03.09.2020.

*Weldemann, Tobias* (2017): Roboter bei Amazon: Logistikroboter sollen Packern die Lauferei ersparen. URL: https://t3n.de/news/roboter-amazon-logistik-821170/. Zugegriffen: 03.09.2020.

*Weltgesundheitsorganisation* (o. J.): Pandemie der Coronavirus-Krankheit (COVID-19). URL: https://www.euro.who.int/de/health-topics/health-emergencies/coronavirus-covid-19/novel-coronavirus-2019-ncov#:~:text=Am%2031.,2019%2DnCoV%E2%80%9C% 20bezeichnet%20wurde. Zugegriffen: 03.09.2020.

*Weinmann, Karin* (2020): Optischer Sensor soll Viren in der Luft erkennen. URL: https://www. laborpraxis.vogel.de/optischer-sensor-soll-viren-in-der-luft-erkennen-a-927219/. Zugegriffen: 03.09.2020.

*Weinrich, Regina* (2020): Druck auf Transportbranche bleibt. URL: https://www.eurotransport. de/artikel/corona-folgen-druck-auf-transportbranche-bleibt-11161978.html. Zugegriffen: 03.09.2020.

*Willuda, Stefan* (2014): Informationslogistik – eine praxisorientierte Definition. URL: https://www.mailconsult.net/blog/informationslogistik-eine-praxisorientierte-definition/#Winter_2008. Zugegriffen: 03.09.2020.

*Wirtschaftswoche* (2020): Deutscher Export bricht um mehr als 30 Prozent ein. URL: https://www.wiwo.de/politik/konjunktur/corona-folgen-deutscher-export-bricht-um-mehr-als-30-prozent-ein/25899354.html. Zugegriffen: 03.09.2020.

*Wittpahl, Volker* (2019): Künstliche Intelligenz. Berlin: Springer-Verlag.

*Wuttke, Laurenz* (o. J.): Machine Learning vs. Deep Learning. URL: https://datasolut.com/machine-learning-vs-deep-learning/. Zugegriffen: 03.09.2020.

*Zeit Online* (2020): Wirtschaftsweise halten schwere Rezession für unvermeidbar. URL: https://www.zeit.de/wirtschaft/unternehmen/2020-03/wirtschaft-folgen-coronavirus-einbruch. Zugegriffen: 03.09.2020.

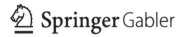 

}essentials{

Alexander Goudz · Melisa Jasarevic

# Einsatz der Blockchain-Technologie im Energiesektor

Grundlagen, Anwendungsgebiete und Konzepte

 Springer Gabler

Printed in the United States
by Baker & Taylor Publisher Services